大川隆法 RYUHO OKAWA

インパール作戦の真実

牟《む》田《た》口《ぐち》廉《れん》也《や》司令官の霊言

まえがき

先の大戦で、日本軍敗戦の典型とされるインパール作戦。補給《ほきゅう》もつかないのに、ただただ攻めて勝てと言われた無謀《むぼう》な作戦として、これを良く言う歴史家の本には、私もまだ接してはいない。

人命も物量も無視し、退却なき死を選ぶという戦い方は、本当にただの犬死《いぬじ》にだったのか。牟田口廉也《むたぐちれんや》司令官は、参謀の言うことも聞かず、ただただ数万の軍人を死地《しち》に赴《おもむ》かせた愚将《ぐしょう》だったのか。その死後は、多くの兵士の恨《うら》みと自責《じせき》の念《ねん》で地獄《じごく》で苦しんでいるのか。

それとも、真実、「八紘一宇《はっこういちう》」の精神で、ビルマからインドの人々の解放を願って、神の心を心として、死をも怖《おそ》れず、天命を果たそうとしただけなのか。

本書は、大東亜戦争最大の秘密の一つに肉薄《にくはく》したものである。正しい歴史観を確立するためにも、ぜひとも多くの人々に読んで頂きたいと思う。

二〇一七年　八月二十五日

幸福《こうふく》の科学《かがく》グループ創始者兼総裁《そうししゃけんそうさい》　大川隆法《おおかわりゅうほう》

インパール作戦の真実　牟田口廉也司令官の霊言　目次

インパール作戦の真実　牟田口廉也《むたぐちれんや》司令官の霊言《れいげん》

二〇一七年八月十七日　収録
幸福の科学　特別説法堂《せっぽうどう》にて

2　インパール作戦の「大義」とは何だったのか　43

「霊言現象《れいげん》」とは、あの世の霊存在の言葉を語り下ろす現象のことをいう。これは高度な悟《さと》りを開いた者に特有のものであり、「霊媒現象《れいばい》」（トランス状態になって意識を失い、霊が一方的にしゃべる現象）とは異なる。

なお、「霊言」は、あくまでも霊人《れいじん》の意見であり、幸福の科学グループとしての見解と矛盾《むじゅん》する内容を含《ふく》む場合がある点、付記しておきたい。

インパール作戦の真実　牟《む》田《た》口《ぐち》廉《れん》也《や》司令官の霊言《れいげん》

二〇一七年八月十七日　収録
幸福の科学　特別説法堂《せっぽうどう》にて

牟田口廉也《むたぐちれんや》（一八八八～一九六六）

帝国《ていこく》陸軍の軍人。佐賀《さが》県出身。一九三七年の盧溝橋《ろこうきょう》事件のときに、支那駐屯《しなちゅうとん》歩兵第一連隊長として現場で指揮を執《と》る。四一年、大東亜《だいとうあ》戦争が開戦すると、第十八師団長として「マレー進攻《しんこう》作戦」に参加。シンガポール攻略後、次《つ》いでビルマ戦線にも加わった。四三年、第十五軍司令官となり、翌年には、インド進攻による戦局打開を図《はか》って「インパール作戦」を実施《じっし》。補給線を無視した無謀《むぼう》な作戦指導により多くの死者を出した。

質問者　※質問順

酒井太守《さかいたいしゅ》（幸福の科学宗務《しゅうむ》本部担当理事長特別補佐《ほさ》）

大川直樹《おおかわなおき》（幸福の科学常務理事　兼《けん》　宗務本部第二秘書局担当）

久保田暁《くぼたさとる》（幸福の科学常務理事　兼　宗務本部庶務《しょむ》局長　兼　財経局長）

［役職は収録時点のもの］

1　日本の軍事思想の弱点――インパール作戦を研究する

インド独立に貢献《こうけん》した面もあった「インパール作戦」

大川隆法　今日（二〇一七年八月十七日）は、「インパール作戦の真実――牟田口《むたぐち》司令官の霊言《れいげん》――」と称《しょう》しまして、先の大戦における日本軍の敗戦のなかでも、けっこう典型的だと思われる、「インパール作戦」について検討し、その霊的真実についても調べてみたいと思っています。

毎年、お盆《ぼん》のころのテレビ番組には、終戦記念日などに、戦争に関するものがよく放送されるのですが、今年は、「ＮＨＫスペシャル」で、インパール作戦についての番組（「戦慄《せんりつ》の記録 インパール」）をやっていました。

それだけを観《み》ると、「本当にバカな戦いをしたなあ」としか思えないのですが、この作戦のなかに、「日本の戦い方の伝統的な考え方」や「戦争史観のなかの弱点」が、確かにあることはあります。南方の島での戦いでも、同じようなことは実は言えるのです。

インパール作戦は、当時のビルマからインドへ向けての戦いでした。ビルマとは今のミャンマーのことですが、ビルマは、インド同様、イギリスの植民地だったわけです。

日本は緒戦《しょせん》では連戦連勝で、アジアにおいて勝ち続けました。パールハーバー（真珠湾《しんじゅわん》）の奇襲《きしゅう》戦から始まって、ザーッと勝っていったのです。

アメリカは、「日本は資源を求めて南下し、東南アジアのほうに来るだろう」と見てはいたのですが、「いきなり真珠湾に来る」とは思っていなかったようです。

ビルマはイギリスが押《お》さえていたのですが、日本はイギリス軍を追い出し、ビルマを占領《せんりょう》しました。

それから、インド独立の志士であり、自由インド仮政府首班であるチャンドラ・ボース●

●チャンドラ・ボース（1897～1945）　インドの独立運動家。1943年、日本に渡る。1944年には、インド国民軍を率いて、インパール作戦で日本軍と共に戦ったが敗れた。その後、ソ連亡命を図るも、1945年、飛行機事故で死去。

ビルマからインドへ進攻したインパール作戦とは

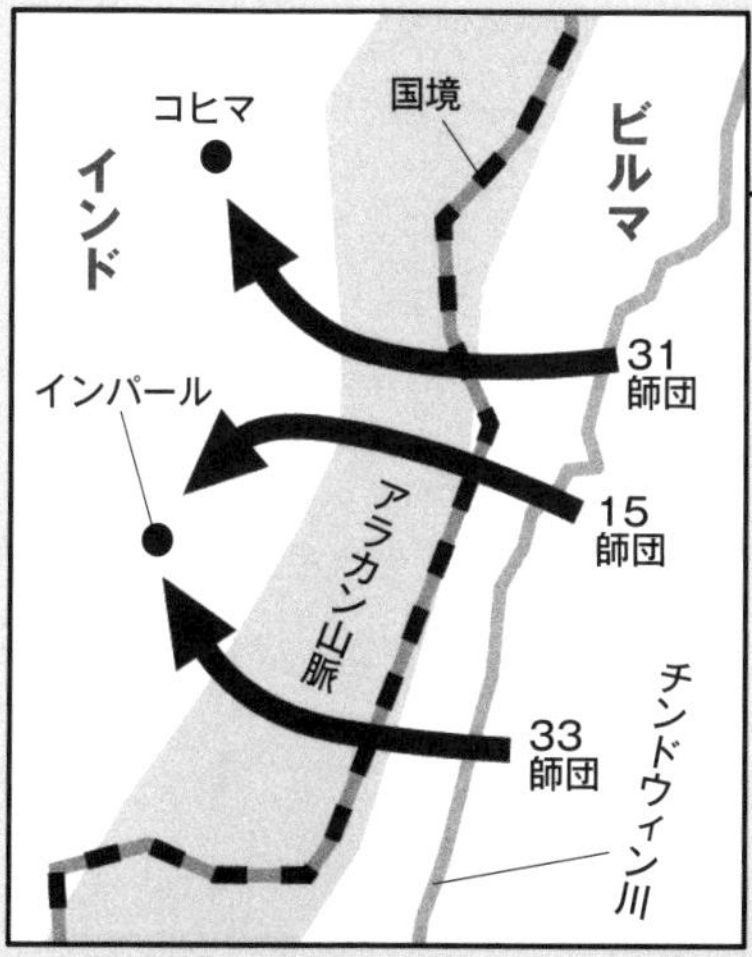

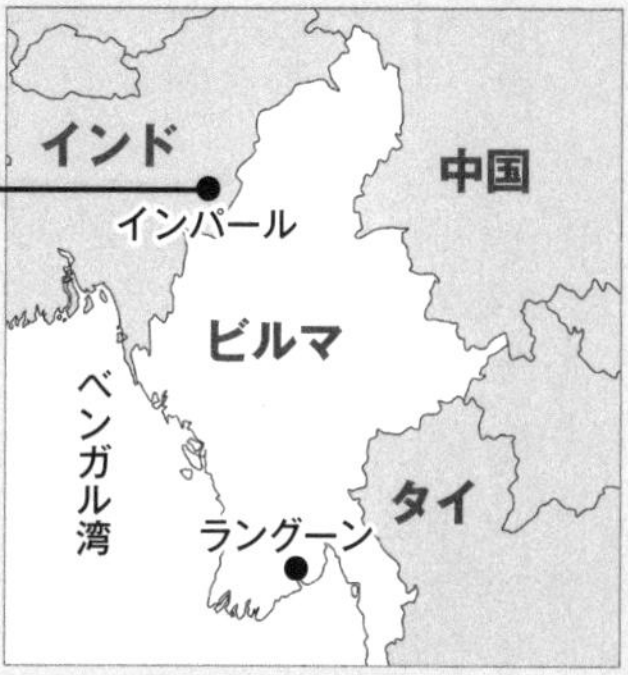

(左上) 同作戦での日本軍の主な進路。
(右下) 同作戦で険しい山道を進む日本軍。
(左下) ビルマ・インド国境のマユ河上流を強行渡《と》河《か》する日本軍。

＜短期決戦を目指した牟田口司令官＞
インパール作戦を担当したのは第 15 軍 (司令官・牟田口廉也中将) の約 7 万 8000 人と、インド国民軍 1 万 5000 人。第 15 師団、第 31 師団、第 33 師団が三方向から、ビルマ領からアラカン山脈を越えてインド領インパールを目指した。ただし 3 週間分の食糧しか持たず、短期決戦で勝ち、あとは占領した現地で食糧調達するという「無謀」とも言える作戦だった。対するイギリス軍は約 15 万人。

＜前半は日本軍が優勢も、第 31 師団が撤退＞
1944年3月8日、3つの師団は進撃を開始。第31師団は4月5日に要衝コヒマを占領し、第15師団は4月7日にインパールの北15キロ、第33師団も5月20日に南15キロに達した。しかし、折から激しい雨季に入り、補給線も伸び切り、制空権を持つ英軍機の空からの攻撃にも遭って、前線で餓死者やマラリア感染による病死者が続出。遂に31師団長・佐藤幸徳中将は牟田口司令官の命令に背き「撤退」を開始する。7月3日、牟田口司令官も作戦中止を決定。日本軍の死者は3万人以上に上った。

ボースが、インド国民軍を率いていたので、日本軍とインド国民軍とが呼応して、インドからイギリスを追い出そうとしました。

インパール作戦は、そのような作戦だったわけです。

日本としては、ある程度、大東亜《だいとうあ》戦争の大義はあったのだろうとは思います。

チャンドラ・ボースという人は、インドに革命を起こすために日本にも来ていて、日本でも彼を支援《しえん》した人とかもいます。

結果的に、日本は戦争に敗れてはいるのですが、ビルマでいったんイギリス軍を撃退《げきたい》したことや、インドでの戦い等の結果、日本のほうから見れば、ある意味で、インドの独立に貢献《こうけん》した面があったのではないかと思います。

第二次大戦前にも、インドでは、マハトマ・ガンジーの「塩の行進」（イギリス植民地政府による塩の専売に対する抗議《こうぎ》行動）などがなされてはいましたが、独立できないでいました。

なぜかというと、強大なイギリス軍と戦う力はないので、彼らに戦いを仕掛《しか》けた

インパール作戦は大東亜戦争の大義の下《もと》にあった

＜インド独立戦争として＞

インド国民軍最高司令官だったチャンドラ・ボース（左写真）が1943年5月、来日し、東條英機首相と会談。東條はイギリスによる150年の植民地支配に苦しむインドの独立・解放のために、ビルマ（現・ミャンマー）からインド国内に進攻し、インド国民軍と合流して独立戦争を行う約束をした。

チャンドラ・ボースはこの作戦を「インド独立戦争」と位置づけた。

大本営、日本陸軍としても戦況が悪化するなかで、この作戦で逆転に転じたいとの思惑もあった。

＜アジア独立を掲げた大東亜戦争＞

1940年ごろから、欧米列強による植民地支配からアジア諸国を解放し、日本を中心とした共存共栄の新秩序を確立する「大東亜共栄圏」が標榜され、日本はこの理念の実現を目指して大東亜戦争に突入した。1943年には、アジア諸国の首脳が東京に集まり、大東亜会議を開催。大東亜共同宣言が採択された。

（左下）大東亜会議。（右下）大東亜会議に参加した各国首脳。左から、ビルマのバー・モウ首相、満州国の張景恵首相、中華民国の汪兆銘行政院長、東條英機首相、タイのワンワイタヤーコーン親王、フィリピン共和国のホセ・ラウレル大統領、自由インド仮政府首班のスバス・チャンドラ・ボース（帝国議事堂前にて）。

ら、こちらの被害《ひがい》のほうが大きくなるからです。

これは、マーティン・ルーサー・キング・ジュニア牧師《ぼくし》の黒人解放運動とまったく同じようなものです。キング牧師は、「警官を襲《おそ》えば、自分たちのほうがやられ、もっと被害が多くなる」と考え、無抵抗《むていこう》運動のようなものをやっていました。

インドのガンジーも同様で、「非暴力・不服従」を貫《つらぬ》いていました。戦えば、「向こうは、マシンガンなど、こちらの武器よりもっと効率のよい武器を使い、こちらを皆殺《みなごろ》しにする」というようなことになるので、戦えなかったのです。

ところが、日本軍がやってきてビルマでイギリス軍を駆逐《くちく》し、マレー沖《おき》海戦で戦艦《せんかん》プリンス・オブ・ウェールズやレパルスを撃沈《げきちん》しました。「史上初めて航空機で戦艦を撃沈する」という快挙《かいきょ》をあげたため、

マレー沖海戦で日本軍機の攻撃を受け、回避行動を行うプリンス・オブ・ウェールズ(右手前)とレパルス(左奥)。

「チャーチルが腰《こし》を抜《ぬ》かして動けなくなった」と言われているぐらいです。

その日本軍がインドを目指すことに対して、インドの独立派の人たちは、おそらく、「すごい解放軍が来る」と思っていたことだろうと思います。

国際政治や会社経営等には「軍事学」の知識が要《い》る

大川隆法　しかし、いかんせん、日本軍の実力自体には、足りない部分もそうとうあったのではないかと思います。

戦後の日本の学校教育では、「戦争論」や「軍事思想」などをほとんど教えないので、日本人には戦争学について無知な人が多すぎると思います。大学で政治学や国際政治などを学んだとしても、「戦争学」というか、「軍事学」については、ほとんど教えてもらえないので、外交レベルのことぐらいまでしか知らない場合のほうが多いのです。

しかし、国際政治の勉強をしようとしたら、実際には、軍事のところまで含《ふく》めて勉強しなければいけません。会社経営や、ほかの組織の運営でも同じです。最終的には、軍事のところは「総力戦」であり、負ければ全滅《ぜんめつ》というか、命を失うことになるので、「知力を尽《つ》くしての戦い」になります。したがって、（軍事を）勉強しておかないと、足りないものがあるのではないかと思うのです。

インパール作戦の最大の問題点は「補給線《ほきゅうせん》」の部分

大川隆法　インパール作戦で最も重視されているものは何かと言うと、「補給線《ほきゅうせん》」のところの問題です。

たぶん、陸軍士官学校および陸軍大学校などの授業や教材では、過去の日本の戦いで歴史に遺《のこ》っている戦いをずっと検討していて、それを勉強していたはずです。

ただ、日本の戦い方には、「奇襲型の短期集中決戦で勝つ」というものが多く、それにすごく惹《ひ》かれる傾向《けいこう》があって、そういう戦い方を軍の教育自体でも教えていたのです。

「正々堂々の陣《じん》で、勝つべくして勝つ」という戦い方は、確かに、あまり面白《おもしろ》くはないのです。

こういう戦い方、いわばアメリカ型の戦い方をやったのは、例えば、豊臣秀吉《とよとみひでよし》です。最初のころは違《ちが》ったかもしれませんが、天下人《てんかびと》になってからの戦い方は確実にそうです。

小田原《おだわら》の北条《ほうじょう》氏を攻《せ》める「小田原攻め」のときには、二十万人とも三十万人とも言われるような大軍で小田原城等を囲んでいます。これは向こうの十倍ぐらいの大軍です。

小田原城は、「今まで落ちたことがない。上杉謙信《うえすぎけんしん》でも落とせない城だった」と言われていたのですが、それに対して、秀吉は堂々の陣を敷《し》いたわけです。

また、近くにある山の森のなかに城までつくりました。それも、印象的な効果を出すために、敵からは見えないようにつくっていき、城が完成したあと、バーッと森の木々を取り払《はら》ったので、「突如《とつじょ》、一日で城が現れた」ようなかたちになったのです。

　これは、「城までつくって攻める」という持久戦の戦いです。秀吉は、その城に京都の遊びごとまで持ってきました。「何年でも戦ってやるぞ。補給もきちんとつける」というようなかたちで囲まれたら、「一年やそこらだったら、持ちこたえられる」と思っていた小田原城側も、最後には降参して落城したわけです。

　このように、「一人も殺さずして城を落とせる」というのが、いわゆる兵糧《ひょうろう》攻め型の戦い方、兵站《へいたん》重視の戦い方です。

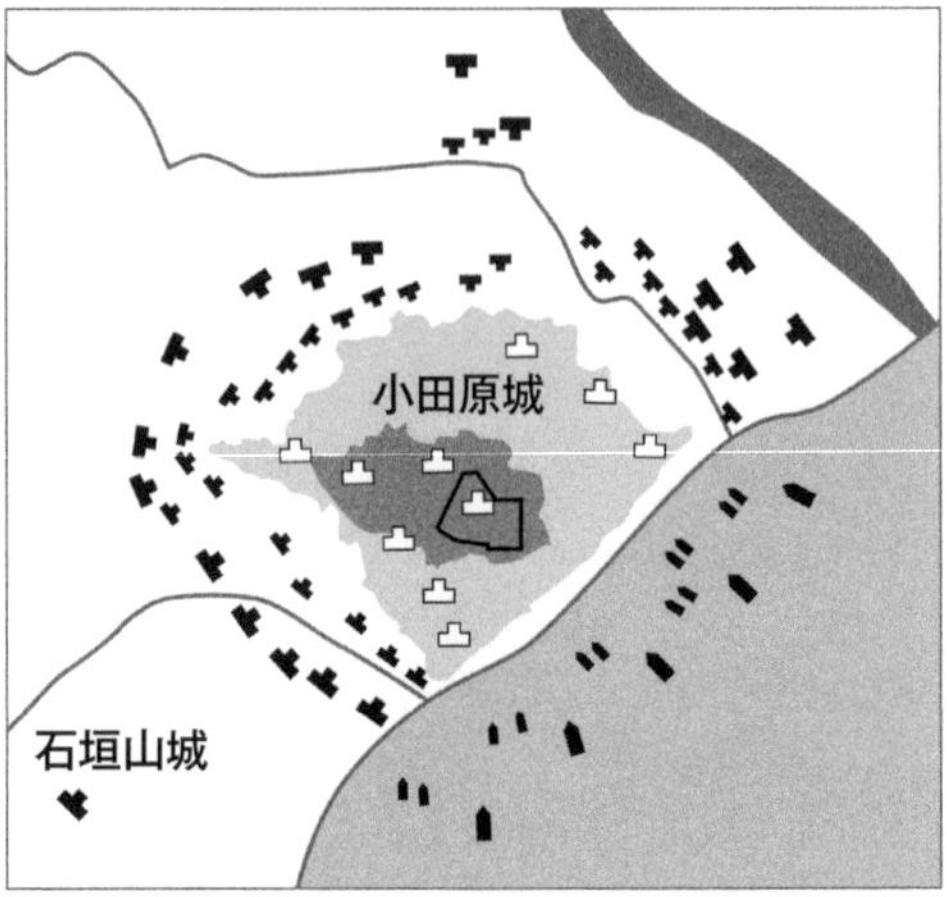

1590年に豊臣秀吉が北条氏を下した小田原征伐の際の攻防図。豊臣軍が小田原城を陸と海から包囲した上、西に約3キロのところにある笠懸山《かさがけやま》に石垣山城（一夜城）を建築して、北条氏の戦意を失わせた。

北朝鮮《きたちょうせん》や中国には「旧日本軍の戦い方」の影響《えいきょう》が見られる

大川隆法　現在、この話をしている時点では、まだ、（アメリカが）東アジアで戦火を交《まじ》えてはいない状態ではあるのですが、北朝鮮《きたちょうせん》がアメリカを挑発《ちょうはつ》したりしているやり方自体を見ると、旧日本軍の影響《えいきょう》が何か残っているように見えてしかたがありません。

北朝鮮は、核《かく》兵器やミサイルをつくり、「これ一発で相手を廃墟《はいきょ》にしてしまえば、終わりだ」というようなことを言っています。

大国アメリカから見れば、ずいぶん名誉《めいよ》を傷つけられているというか、侮辱《ぶじょく》されていると思うのですが、トランプ大統領のやっていることを見ると、押さえるところを押さえようとして、まず、中国を一生懸命《いっしょうけんめい》に揺《ゆ》さぶっています。

北朝鮮の貿易は約九十パーセントが中国とのものなので、「中国が（経済制裁に）本気にならなければ、北朝鮮を潰《つぶ》せない」と見て、すごい圧力をかけているの

トランプ大統領は2017年8月14日、中国による知的財産権侵害などの調査を通商代表部に指示する大統領令に署名した。関税引き上げなど、中国政府へ圧力をかける狙いがあるとみられる。

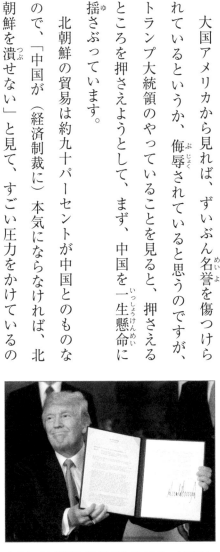

です。

習近平《しゅうきんぺい》国家主席は、これまで知らん顔をしていましたが、とうとう本格的に経済制裁をやらざるをえなくなってきています。そうしないと、中国経済にダメージが与《あた》えられてしまうからです。要するに、「米中間の不公正な貿易を是正《ぜせい》する」と言われたら、それは中国側に何兆円もの損が出ることを意味しているのです。

北朝鮮は、中国に、石炭や鉄鉱石など、いろいろなものを輸出しているのですが、この経済制裁が行われると、北朝鮮にとっては、初期の段階で一千億円以上の貿易削減《さくげん》になると思います。

中国がここまで踏《ふ》み込《こ》んだのは初めてかと思いますし、国連も、この制裁については後押しをしています。

「補給線」というところを考えると、北朝鮮が、中国ないしロシア、あるいはその両方から補給を受け続けられるのだったら、戦い続けられる可能性はあります。

先の朝鮮戦争では、北朝鮮単独でそれほど戦えるはずはないのに、あまりにも強かったというか、韓国《かんこく》軍と米軍は朝鮮半島南端《なんたん》の釜山《プサン》まで押しやられました。そのあと、国連軍が入って押し返し、結局、三十八度線を挟《はさ》んで休戦になったのですが、まだ終戦にはなっておらず、休戦している状態です。

あれは、実は、北朝鮮軍には中国軍が入って一緒に戦い、補給もつけていたわけです。

そういうことがあったので、トランプ大統領は、最初から（北朝鮮と国境を接する）ロシアと友好的になろうと努力はしていたのですが、国情から、なかなかうまくいかず、今、ロシアゲートでマスコミ等に揺さぶられたりしています。マスコミが、ロシアと仲が悪くなるように、国内で一生懸命に揺さぶっているので、「アメリカのマスコミも、日本のマスコミと同じで、頭はそれほどよくない」ということが分かります。

今、トランプ大統領は、「ロシアが北朝鮮に補給をしないような関係にしなくてはいけない」と思っているのでしょうし、中国の習近平《シージンピン》国家主席を持ち上げて、

「友達だ」と言いつつ、だんだん、中国が北朝鮮に経済制裁をかけるように仕向けていっており、まず「兵糧攻め」をやっています。これは小田原城攻めの戦い方と同じです。

また、徳川家康《とくがわいえやす》が大坂城《おおさかじょう》を落とし、豊臣《とよとみ》家を滅《ほろ》ぼしたときの戦い方にも似ています。大坂城には二重の堀《ほり》があったのですが、「大坂冬の陣」のとき、家康は、「外堀を埋《う》めろ。それが休戦の条件だ」と言って、外堀を埋めさせ、ついでに内堀まで埋めてしまい、大坂城を裸《はだか》にしてしまいました。

「天下の名城で、落ちない」と言われた大坂城であっても、裸にしてしまえば落とすのは簡単なので、これは老獪《ろうかい》な戦い方です。

現在の大阪城の航空写真。「大坂冬の陣」(1614年)で二重の堀を埋められた大坂城は、続く夏の陣で徳川軍の進攻を防ぐ手立てもなく陥落した。©国土画像情報(カラー空中写真)

これに近い戦いをアメリカは考えているのではないかと思います。

一方、北朝鮮側から見れば、アメリカに勝つためには、韓国を占領し、さらに日本まで占領しなくては、やはり無理でしょう。日本を占領し、日本にある約百三十カ所の米軍基地を撤去《てっきょ》させてしまわなくてはならないのです。

日本に米軍基地があり、そこから北朝鮮を攻撃《こうげき》するのであれば、アメリカ軍には補給がつきます。日本の経済力や、さまざまな援助があれば、アメリカ軍は日本をベースにして戦い続けられるので、長期戦になれば、北朝鮮が勝つ見込みはほとんどありません。

艦船や航空機の面から見ても、北朝鮮が制海権や制空権を取ることには、おそらく無理があるのではないでしょうか。日本の自衛隊であっても、北朝鮮に制海権や制空権を取らせないだけの力は十分に持っているのではないかと思われます。

そういうことで、「旧日本軍の戦い方のことを北朝鮮は思っているのだろう」と感じますし、今、中国が、東アジアから西アジア、アフリカ、ヨーロッパへと〝戦線〟を伸《の》ばしていこうとして、布石《ふせき》をどんどん打っている、あの戦いを見ても、やはり、「先の日本軍の戦いにやや似たものを考えているのではないか」という気はするので、影響はそうとうあるのだろうと思います。

精神性を重んじすぎて、物量的部分を軽く見た旧日本軍

大川隆法　さて、「補給」のところについてですが、結局、ここは日本のいちばん弱かったところなのです。旧日本軍には、「精神性を重んじすぎて、物質的、物量的なところを軽く見る」という傾向はあったと思います。

「日本は物量でアメリカに負けた」という言い方をよくするわけです。

山本五十六《やまもといそろく》連合艦隊司令長官は、戦前、アメリカに行き、ハーバード大学に留学しています。すぐに〝逃亡《とうぼう》〟したらしいのですが（笑）、そのあと、アメリカ国内を旅行し、シカゴなど、いろいろな所を見て回っていたようです。

そして、民間人が自動車に乗って走り回っているアメリカに対し、戦前の日本で

は成金《なりきん》が車に乗っている程度だったので、山本長官は、自動車工業等の工業力における日米の差を知り、「これで戦争に勝てるのか」と感じていたのではないかと思います。

そのため、「最初の一、二年は暴《あば》れるので、その間に平和条約を結び、和平を実現して、判定だけで終わりになるようにやってくれ」という感じだったのだと思います。

ただ、アメリカとの戦いは、徐々《じょじょ》に長期戦になり、四年近くになりました。結局、そうした長期戦になると、奇襲も効かなければ、相手の予想外の戦いというのもそれほどできず、だんだん実力戦になってくるわけです。

例えば、相撲《すもう》などでも、「はたき込み」や「肩透《かたす》かし」、「八艘《はっそう》飛び」など、最初の数秒に予想外の手で来る技《わざ》がいろいろあるとは思います。しかし、それを外したあとに、普通《ふつう》の四《よ》つ相撲《ずもう》になれば、実力のあるほうが勝つのは当然でしょう。

当時、アメリカと日本の国力には、「十対一」ぐらいの開《ひら》きはあったと思います。

これは国力全体をGDP（国内総生産）的に捉《とら》えた見方ですが、工業力という面で見れば、おそらく、もっと開いていたかもしれません。

日清《にっしん》・日露《にちろ》戦争のようには勝てなかった「アメリカとの戦い」

大川隆法　ただ、日本は運がよかったのか悪かったのか分かりませんが、日清《にっしん》戦争、日露《にちろ》戦争を戦って勝っています。日清戦争のときも、あれだけ侵略《しんりゃく》されていた清国ではあるものの、国が大きいので、「当時、GDPはおそらく世界一だったのではないか」と言われています。したがって、世界のなかでは、「清国と日本が戦うのであれば、日本が負けるだろう」と思った人が多かったのは事実でしょう。ところが、日本がそれに勝ったので、驚《おどろ》いたわけです。

また、日露戦争のときにも、ロシアと日本との国力の差は、やはり、「十対一」ぐらい開いていたのではないでしょうか。しかも、「ロシアのバルチック艦隊が、ヨーロッパのほうから喜望峰《きぼうほう》を回って、やってくる」と聞いたときには、ちょうど

〝ノストラダムス戦慄の啓示《けいじ》〟風に、世紀末で歴史が終わるような、もう二十世紀の初めで滅びるような恐怖《きょうふ》が国中に蔓延《まんえん》していたようです。

それに対して、日本は、東郷平八郎《とうごうへいはちろう》の日本海海戦での勝利と、陸軍のほうの「コサック隊を破る」という戦いとによって、「十対一」の戦力比のなかで、〝パーフェクトゲーム〟をやってのけました。

そのように、奇跡《きせき》が二回起きたわけです。

そうしたことがあったために、日本軍の戦い方は、「小よく大を制す」という感じになりました。あるいは、「物量ではなくて精神力なのだ」「敵が十発、弾《たま》を撃《う》つなら、こちらは一発必中で当てれば、それで勝つのだ」という感じかもしれません。「たとえ弾が一つしかなくても、パンッと一発で頭なり心臓なりを狙《ねら》えば、倒《たお》せるのだ。向こうが機関銃《きかんじゅう》で十発、弾を撃ってきても、こ

日露戦争の日本海海戦でロシアのバルチック艦隊を撃破して東京に凱旋した東郷平八郎・海軍大将を出迎える大群衆（東京・新橋の凱旋門前、1905年10月22日）。

ちらの命中率が高ければ、それでいいのだ」というわけです。

確かに、（第二次大戦）初期のころのゼロ戦のパイロットの腕《うで》は、そのくらい高かったし、急降下爆撃機《ばくげきき》の性能においても、命中率は、おそらく、アメリカよりもはるかに高かったと思われます。

しかし、あちらのほうは、研究したり改造したりして、だんだんだんだん、インプルーブ（改良）してきました。アメリカは、そういった研究開発力、工業力が高かったのです。

上空から物資を補給したイギリス軍、兵線が伸《の》び切った日本軍

大川隆法　イギリス軍も、開戦当初は日本に〝ボロ負け〟し、ほうほうの体《てい》で退却《たいきゃく》しており、さすがの大英帝国《ていこく》も揺さぶられた感じになりました。しかし、ビルマを日本が占領したあと、インパールに向けて攻めていくところあたりから、〝逆転〟が始まったわけです。

やはり、大本営参謀《だいほんえいさんぼう》のほうも、この南方戦線の補給についてはあまり考えられなかったのでしょう。要するに、「南方だから、食糧《しょくりょう》はいくらでもあるだろう。ジャングルのなかで捕獲《ほかく》したらよい」などと思っていたのかもしれません。

ところが、そうは言っても、何万人もの軍隊が食糧の補給をするのは大変ですし、雨季の時期などには病気等が発生するのに、薬品も十分にないという状況《じょうきょう》だったのです。

なお、ＮＨＫの放映（前掲《ぜんけい》「ＮＨＫスペシャル 戦慄の記録 インパール」）を観ると、イギリス軍は空中からの補給を行《おこな》っており、輸送機が、パラシュートの付いた補給物資を上空から落としていました。陸路では無理なので、空中経由という方策で、一日に二百五十トンもの援助物資を降ろしていたようです。

これなら戦い続けられるでしょう。日本軍が周りを囲んでも、「そのなかに、囲んだ上空から補給する」ということをされたら、やはり戦い続けられるわけです。

そのうち、日本の兵線が伸《の》び切って、補給ができなくなっているところを叩《たた》けば、日本はボロ負けになります。これは、「三国志」時代以前からある戦い方と同じであって、イギリス軍はそれを狙ったのです。

今、なぜ「インパール作戦」を再調査する必要があるのか

大川隆法　インパール作戦では、日本軍は、おそらく三万人は死に、さらに、四万人の傷病者が出たのではないかと言われています。また、「攻めているときよりも、逃《に》げて帰るときのほうが死者が多かった」とも言われており、逃げて帰った道は●「白骨街道《はっこつかいどう》」と呼ばれて有名になりました。当時、記録的な大雨が降ったため、死体が一週間ぐらいであっという間に白骨になったらしいのです。

そういうこともあって、インパール作戦は、「無謀な戦い」の典型とされています。そして、そのときに、「とにかく死んでも戦え」といちばん強く主張していたのが牟田口廉也《むたぐちれんや》中将《ちゅうじょう》でした。彼は、この補給無視の戦いをしたインパール作戦の責任者であると言われています。

●白骨街道　退却戦に入っても日本軍は飢えと病に苦しみ、次々と脱落。白骨化した遺体が延々と続き、「白骨街道」と呼ばれた。しかし、日本軍の士気、礼節は高く、餓死者が続出しても現地民家への強盗などは一件も報告されなかったという。

ただし、この人は、戦争では死なずに、一九六六年に七十七歳《さい》で亡《な》くなりました。このあたりのこともあるので、インパール作戦だけで全部を判定するのは無理かもしれません。実際、前述したＮＨＫ特集を観たあとに牟田口さん（の霊）が出てきたので、やはり、これは、「インパール作戦について、どう思っているのか」、一度、訊《き》いてみる必要があると思います。

もっとも、これは、負けたほうの弁明にすぎないのかもしれませんが、日本的特質というものを考える上では勉強になるでしょう。また、今後、北朝鮮や中国絡《がら》みの戦争が起きるとしたら、軍事思想が枯渇《こかつ》している今の日本では心配なところも多いので、レビュー（再調査）をしておいたほうがよいと思うのです。

特に、北朝鮮のミサイル問題の影響で、（日本の）中国地方の人たちまで避難《ひなん》訓練をしようかというときに、ＮＨＫのほうでは、「戦慄の記録 インパール」という特集や、「日本軍の７３１部隊が、化学兵器の陰惨《いんさん》な実験を中国のほうでやっていた」というような特集（「ＮＨＫスペシャル ７３１部隊の真実」）を組んだりしています。終戦記念日に向けてのシリーズなので、しかたがないのかもしれませんが、反戦的なものを流して、「いかに日本がナチスに近かったか」というような感じの報道をしているわけです。

ちなみに、今、「ナチス」と言いましたが、ヒットラーは、ソ連戦でモスクワまで攻めようとしてウクライナあたりで大激戦になり、最後に大敗北に至ったのは、やはり兵站《へいたん》が尽きたためでした。

これは、ほとんどナポレオンのロシア遠征《えんせい》のときと同じような負け方でしょう。ナポレオンも「冬将軍にやられた」と言われていますが、戦争においては、前線まで出ていって、ずっと敵地のなかまで入りすぎると、本土から補給がつかずに孤立《こりつ》してしまうので、だんだんやられてくるのです。

司馬遼太郎《しばりょうたろう》が『項羽と劉邦《こううとりゅうほう》』で書きたかったこととは

大川隆法　なお、日本では、司馬遼太郎《しばりょうたろう》さんが『項羽と劉邦《こううとりゅうほう》』という作品を書いています。この「項羽と劉邦」や「三国志」については書いている人が多いのですが、司馬さんとしては、『項羽と劉邦』はいい作品だと自分では思っていたようです。あるいは、谷沢永一《たにざわえいいち》先生なども、「司馬さんの著作のなかでは、五本の傑作《けっさく》に入るのではないか」というようなことを言っていました。ただ、そういったことはあるものの、一般《いっぱん》的には、この作品は、「大したことはない」というような言い方をされてはいます。

昔、私もこの『項羽と劉邦』を読んだのですが、要するに、「補給」のところを中心に書かれています。

項羽と劉邦の戦いで、なぜ、百戦百勝の項羽が負けて、連戦連敗していた劉邦が勝ったのかというと、「劉邦は、いつも兵站を考えて戦っていた」というのです。

つまり、劉邦は、戦《いくさ》で負けても、いつも食糧の補給ができるように、兵站や補給路を確保しながら戦っているような状況だったし、負けるときには、そういった食糧部門等を敵に渡《わた》さないように、燃やしてから逃げるような感じだったというわけです。

一方、項羽のほうは、「とにかく強ければいい。もう切って切って張って、勝って勝ちまくって、相手を蹴散《けち》らせば勝ちだ」というような感じの戦い方を、大中国の広いところで延々とやっていって、最後は、自分一人だけになるような戦いをやったというのです。

そういったことを司馬遼太郎さんは書いていますが、それはそのとおりでしょう。先の第二次大戦での日本の敗戦の理由を、そのなかに収めておきたかったのだろうとは思います。ただ、戦史ものとして読む分にはやや面白みが足りないところがあったために、大して人気が出なかったのかもしれません。

奇襲《きしゅう》を好む「日本人の戦い方」には問題がある

大川隆法　やはり、日本人としては、「食糧も武器も十分な大軍が、小さな軍に勝つ」というのは、全然面白くないのでしょう。「今川義元《いまがわよしもと》の三万とも言われていたような大軍に、織田信長《おだのぶなが》が二千の軍勢で立ち向かい、桶狭間《おけはざま》で急襲《きゅうしゅう》して破る」というような話が講談ものにもなるわけで、日本人としては大好きなのです。

また、源義経《みなもとのよしつね》の「鵯越《ひよどりごえ》の逆落《さかお》とし」というものがありますが、わずか数十騎《き》で平氏《へいし》の陣に奇襲《きしゅう》をかけたものです。「まさか崖《がけ》の上からは来られないだろう」と思っていたところを、夜中に駆《か》け下りていって、平氏の陣に火を点《つ》け、向こうが狼狽《ろうばい》しているところを蹴散らして勝ったという戦いですが、日本人はこういった話が大好きなので、インパール作戦でもそういうことをやりたかったのだろうと思います。

まず、現地でビルマの水牛等を手に入れて物資の運搬《うんぱん》をさせつつ、必要に応じて食糧に転用するという「ジンギスカン作戦」が行われました。各師団に一万頭もの牛やヤギなどが集められたのですが、川を渡る途中《とちゅう》で半数は流されたと言われています。また、坂を登るときに、動物のほうが崖から次々と落ちてしまって、かえって〝お荷物〟になるようなことも多発しました。

このあたりのところは全体的にいろいろと問題が多いのですが、典型的な日本の戦い方であると捉えて、研究する必要はあるのではないかと思います。

インパール作戦の指揮を執《と》った牟田口廉也司令官を招霊《しょうれい》する

大川隆法　前置きが少し長くなりましたが、ご存じでない方のために総論的に話をしました。

こういうことを前提とした上で、牟田口司令官のお考えを聞いてみたいと思いますが、負けた側の言い分になるので、ある程度、冷静に聞かなければいけないところもあるでしょう。

それでは、先の大東亜戦争において、インパール作戦の指揮を執《と》りました牟田口廉也司令官の霊《れい》をお呼びして、インパール作戦の真実等についてお話を頂ければ幸いかと思います。

牟田口廉也司令官よ。

牟田口司令官よ。

どうぞ、幸福の科学に降りたまいて、その心の内や、その後の心境、霊界《れいかい》に還《かえ》られてからの心の内等を明かしてくだされば幸いです。

牟田口司令官の霊よ。

どうぞ、先の大戦についての教訓を教えたまえ。

（約十秒間の沈黙《ちんもく》）

牟田口廉也（1888 ～ 1966）
陸軍大学校を卒業後、18 年間にわたって参謀本部・陸軍省に勤務。41 年、大東亜戦争が勃発すると、序盤の快進撃として知られるマレー作戦に、第 18 師団長として参加。その後、戦況が傾くなか、ビルマ戦線に加わり、第 15 軍司令官に就任。44 年 3 月、インパール作戦を実行に移した。しかし、食糧も弾薬も不足した各師団は戦力を消耗し、マラリアや赤痢に罹る兵士も続出した。一時は、第 31 師団が要衝の地コヒマを占領するも、継戦不能に陥り退却。牟田口司令官は、撤退を進言する師団長 3 人を更迭してまで進軍を主張したが、7 月 3 日、作戦中止が決定した。
同月 10 日、幹部に対する訓示のなかで、「皇軍は食う物がなくても戦いをしなければならないのだ。（中略）弾丸がなかったら銃剣があるじゃないか。銃剣がなくなれば、腕でいくんじゃ。腕もなくなったら足で蹴れ。（中略）日本は神州である。神々が守って下さる……」と語っている。
戦後は、東京都調布市で余生を過ごし、66 年に死去。

2　インパール作戦の「大義」とは何だったのか

「無謀《むぼう》な戦い」は、いつも日本はやってきた

牟田口廉也　うん、うーん、うーん。

酒井　おはようございます。

牟田口廉也　うん。おはよう。

酒井　牟田口中将《ちゅうじょう》でいらっしゃいますか。

牟田口廉也　うん。

酒井　今の大川総裁のお話は聞かれていたでしょうか。

牟田口廉也　聞いてたよ。まあ、そういうふうに言われているみたいだね。

酒井　申し上げにくいことではありますが、インパール作戦は、先の戦争のなかでも「無謀《むぼう》な戦い」として知られています。「なぜ、そういう戦いをしたのか」ということを考えざるをえないわけです。

そういう意味で、非常に有名な戦いではあるのですけれども、当時、牟田口中将は、これが「どう見ても無謀な作戦である」ということをご認識されていたのでしょうか。

牟田口廉也　うーん……。

いやあ、無謀な戦いはねえ、いろいろやってきたんでね、日本は（苦笑）。それでも、まあ、勝ったし。

日清《にっしん》・日露《にちろ》だけでなくて、元寇《げんこう》なんかもねえ、元《げん》の国が世界帝国《ていこく》をつくって、大陸では、アジア人がヨーロッパまで攻め込《せこ》んだっていう、初めてのことでしょうけども。ヨーロッパまで攻められるような大国が高麗《こうらい》軍と一体になって九州攻めに来たときに、それでも、九州の武士もよく戦ったのもあって、まあ、神風《かみかぜ》も吹《ふ》いたりして、二度の侵略《しんりゃく》戦争を撃退《げきたい》する戦いに勝ったりもしているのでね。

まあ、「精神力」と言われれば、それを重視していたのは事実ではあるけれども、「神のご加護もたぶんあるだろう」とは思っていて、普通《ふつう》は「勝てない」と思われるところを勝つのが、やっぱり、戦争の指揮官の使命なんじゃないかと。

武器・弾薬《だんやく》、兵器、食糧《しょくりょう》が豊富でなかったのはそのとおりで、日本の国自体が豊かであれば、いくらでも食糧の補充《ほじゅう》や武器・弾薬の補充もできただろうけれども、まあ、「現地で調達せよ」という方針でしたからねえ、ほとんどね。だから、「補給がつかない」と言うのは簡単だけども、大本営《だいほんえい》自体も、現地調達の方針だったので、現地に行って立てていて、「現地で、どの程度、食糧の調達が可能か」ということについての試算は、まあ、できてはいなかったんでねえ。

当時は、こんなことを言うと、軍人としては全部言い訳になるので。「貴様はたるんどる！」「そういうことを言い訳にするのか！ とにかく勝つんだ！」ということですねえ。

まあ、「勝てば敵のものを全部取れる」という考えもあったんでね。「イギリス軍に勝って、向こうの武器も弾薬も食糧も全部奪《うば》え」と。まあ、そういうことでしょう。だから、作戦はもともと、三週間の短期決戦で勝って、要するに、「イギリス軍のものを奪ってしまえば占領《せんりょう》することは可能」ということであったんだけれども、山道《やまみち》で悪路が多くて、何十年に一回の大豪雨《だいごうう》が続いたという悪い状況《じょうきょう》もけっこうあったんでね。

まあ、日本の神にも祈《いの》っておったんだけれども、外国の地ではほかに作用しているものもあったのかもしれないし、大英帝国最後の抵抗《ていこう》であったことは事実だわな。だけど、「イギリスがインドを百五十年も支配していた」ということは、歴史的には、やっぱり悪だと思われることであるのでね。

「ハンニバルのアルプス越《ご》え」からヒントを得たインパール作戦

牟田口廉也　とにかく、「日本軍がインドに攻め込む」ということは重要なことだった。ビルマは取ったが、「インドに攻め込む」という事実があれば、インドのなかからも呼応して反乱が起きるということでな。インドの義勇軍っていうか、自分たちが独立しようという運動と、これが合流することができれば、イギリス軍を挟《はさ》み撃《う》ちにして勝てるかもしれないと。

インパール作戦で日本軍に協力し、英軍撃滅の巨砲を敷くインド国民軍（ビルマ国境・トンザン）。

まあ、これは「乾坤一擲《けんこんいってき》の戦い」ではあるんだが、過去の大戦《おおいくさ》では、歴史的に、世界的に言えば、こんな戦は幾《いく》つもあったので、運が味方すればいける可能性がある。

私の心境は、アルプス越《ご》えをしたハンニバルの心境でやるつもりでいた。

ハンニバルの「象をアルプス越えさせる」なんていうのは、たぶん、私が言われたのと同じようなことか、それ以上のことを言われたと思いますよ。「暑い国にいる象が雪のアルプス越えなんて、そんなのできるわけないじゃないか」ということを現実にやってのけて、北イタリアに下りた。食糧も現地調達ですよ

ハンニバル像（セバスチャン・スロッツ作／1704年／ルーブル美術館所蔵）。

アルプス山脈を越えるハンニバル軍（ハインリヒ・ロイテマン画／1866年）。

ね？　それで、ローマを包囲するところまで行って、ローマを壊滅《かいめつ》寸前までやりましたよね。

だから、ヒント的には、「ハンニバルの象軍によるアルプス越え」というのが頭にあった。（インパール作戦では）象が牛とかに替《か》わっただけだったんでね。

まあ、「ハンニバルには及《およ》ばなかった」と言えば、それまでですがねえ。

「インド独立」「白人優位の政策を打ち破る」という大きな目的があった

酒井　少し話を戻《もど》しますけれども、作戦的には、ビルマの特性として、「援蔣《えんしょう》ルート」、つまり、「中国への補給ルートを断《た》つ」ということが主な目的だったと思うんですね。

ただ、それよりも、牟田口中将の心のなかには、やはり、「インドの独立」「大東《だいとう》亜共栄圏《あきょうえいけん》の確立」という目的があったのでしょうか。

●ハンニバル（前247～前183）　カルタゴの将軍。紀元前218年、第二次ポエニ戦争を起こし、カンネーの会戦などでローマ軍に圧勝したが、ローマの武将スピキオにザマの会戦で敗れる。後《のち》に小アジアに逃れ、自殺した。

牟田口廉也　まあ、（日本軍が）ヨーロッパを駆《く》逐《ちく》していたのは事実だわねえ。

だから、フィリピンはアメリカ（の植民地）だったし、インドネシアはオランダでしょう。それから、ベトナム等はフランス、ビルマはイギリス、インドもイギリス。

中国だって、〝被害《ひがい》意識〟では言うが、日本軍が戦わなければ、どうせ欧米《おうべい》に植民地化されていた。再び植民地化される寸前だっただろうと思いますよ、おそらくね。あんな弱い軍隊では勝てるはずがありませんので。

だから、この「大東亜共栄圏」の理想自体はあったろうし、私たちは本気で信じてたところがあるんで。日本が小国だっていうのは、そのとおりであるけれども、小国であっても……、まあ、世界まで取ろうとしてたわけじゃありませんで、アジアに関してはリーダーになろうとしていた。

援蔣ルートの一つ、ビルマ・ルート。日本参謀本部では、このルートを使った蔣介石《しょうかいせき》政府への月間輸送量は10,000トンに上ると見ていた。

●四海同胞　「世界中の人々は兄弟のように親しみ合うべきである」ということ。明治天皇が詠《よ》まれた歌をもとにして、大東亜戦争の大事な理念の一つとされた。

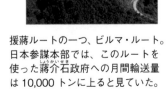

植民地といっても、欧米の植民地なんか、もう悲惨《ひさん》なもんで、完全に奴隷《どれい》階級で、資源を搾取《さくしゅ》されるだけの戦いでしたけども。日本の植民地っていうのは、もう、『古事記《こじき》』『日本書紀《にほんしょき》』の時代からの考え方であるのでね。

何と言うか、「四海同胞《しかいどうほう》」という考え方だったし、「八紘一宇《はっこういちう》」っていう考えも出ていて、これは悪い言葉で使われてるけど、このアジアの民族たちを平等に扱《あつか》うというか、人間として、日本人と同じように扱うし、欧米人に劣《おと》らないっていう考え方を持っていたわけだ。今風に言えば、「人種差別的な政策、白人優位の政策を打ち破る」っていう大きな目的があったことはあったんでね。

酒井　はい。

牟田口廉也　だから、私の作戦が無謀で、「あんなくだらないことをやって、人がいっぱい死んだ」って言うけども、それは、命をこの世だけのものだと思ってる人

●八紘一宇　全世界を一つにまとめて、一つの家のように和合させること。大東亜戦争の際、日本が国家の理念として打ち出した。神武天皇が、橿原《かしはら》の地に都を定めたとき、「八紘《あめのした》を掩《おほ》ひて宇《いへ》にせむこと、亦可《またよ》からずや（天下を掩って一つの家とすることは、またよいことではないか）」と述べたことから。

にとったら、楽しく楽に生きればよかったという悔《くや》しさはあろうと思う。

だけど、当時のインドの人たちから見れば、百五十年も支配をされ、●セポイの反乱等も全部押《お》さえ込まれて、自力で独立できない、ガンジーがやったって独立できなかった、このインドに日本軍が攻め込むことができて、「もし、イギリス軍を〝蹴散《けち》らす〟ことができたら独立できる」ということは、彼らにとってはものすごく大きな希望ではあったわけだ。少なくとも、イギリスの最新鋭戦艦《さいしんえいせんかん》を二隻《せき》も航空機攻撃《こうげき》で沈《しず》めたっていうのは、アジアにとっては衝撃《しょうげき》的なことだったんでね。

まあ、全体の考え方を責めるよりも、牟田口個人が愚将《ぐしょう》であったということを責めるのなら、私はよいと思う。もっと優秀《ゆうしゅう》な方であれば、考えることができたことはあったかもしれないが、ハンニバルほどの戦略家でなかったと、その愚将ぶりを責めてくだされば、それは十分かと思います。

●**セポイの反乱**　1857年にインドで起きたイギリスの植民地支配に対する民族的反乱。インドの民族独立運動の原点とされる。当初、東インド会社のインド人傭兵（セポイ）の反乱であったが、後《のち》に農民、市民も参加して拡大。しかし、1859年に鎮圧された。これをきっかけに、イギリスはインドの直接統治を開始。

大東亜戦争後、
次々と欧米から独立を果たしたアジア諸国

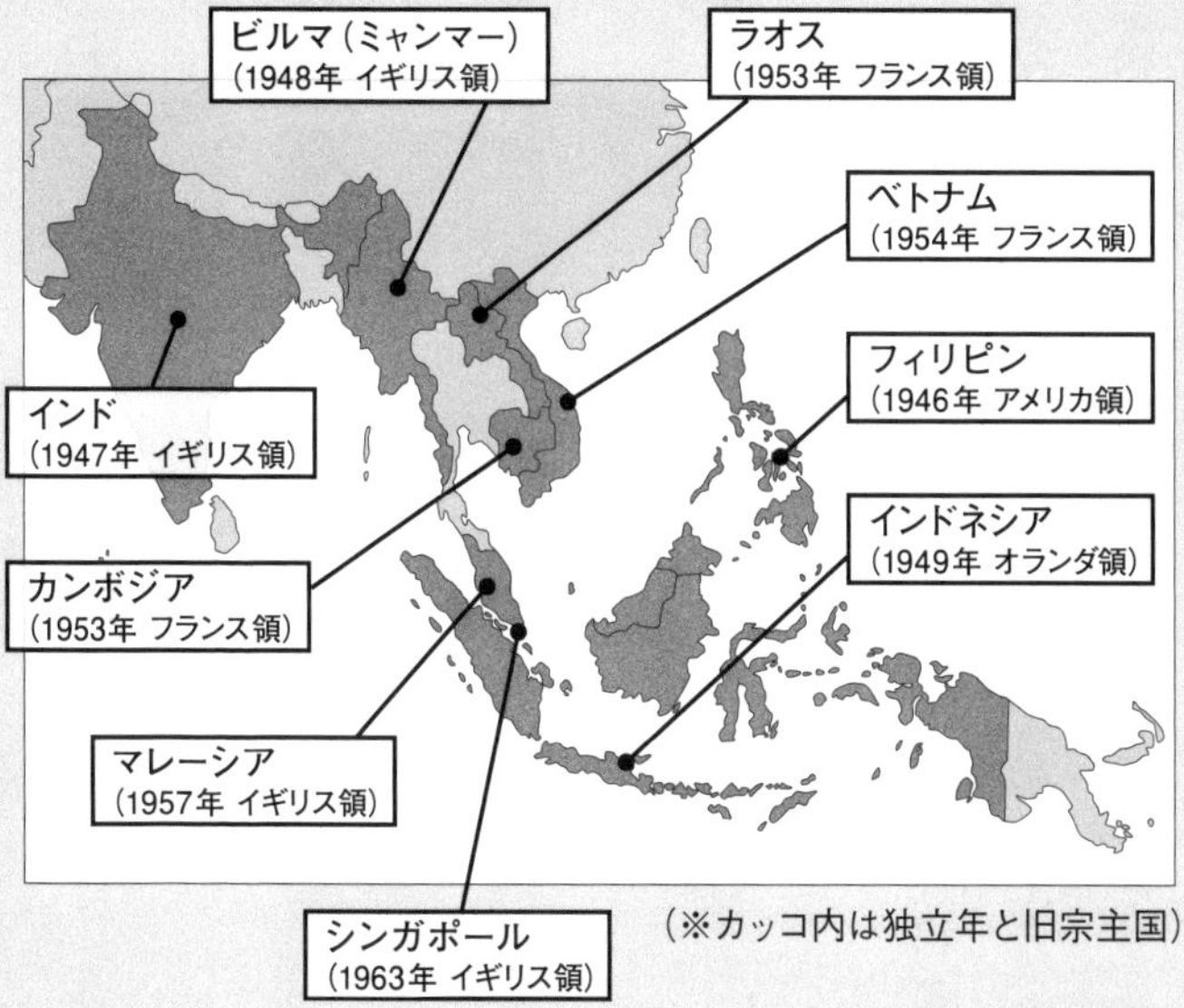

(※カッコ内は独立年と旧宗主国)

欧米の植民地支配に終止符を打った
「大東亜共栄圏の理想」とは

『されど、大東亜戦争の真実　インド・パール判事の霊言』
(幸福の科学出版刊)

『南京大虐殺と従軍慰安婦は本当か―南京攻略の司令官・松井《まつい》石根《いわね》大将の霊言―』(幸福の科学出版刊)

『公開霊言 東條英機《とうじょうひでき》、「大東亜戦争の真実」を語る』
(幸福実現党刊)

日本全体が後押《あとお》ししていたインパール作戦

酒井　インパール作戦の主導者といいますか、これをいちばん主張していたのは、牟田口中将であったということなのですか。

牟田口廉也　いやあ、実際は、日本全体が後押《あとお》ししてましたよ。

酒井　日本全体ですか。

牟田口廉也　そらそうです。まあ、「責任はどこにあるか」ということは、あとで分析《ぶんせき》の対象にはなろうけれども、日本は空気で動く国ですので。こんなの、もう、天皇陛下《へいか》以下、大本営参謀も大本営も、全部そう。国民もマスコミも、みんな望んでいたことです、当時は。

酒井　では、この指示は、具体的にはどこから来たのでしょう？

牟田口廉也　え？

酒井　「インパール作戦を実行せよ」という指示を出した人が、具体的にはいますよね？

牟田口廉也　それは天照大神様《あまてらすおおみかみ》でしょう。

酒井　（霊的《れいてき》に）声を聞いたのですか。

牟田口廉也　ええ？　だって、毎日、神に祈願《きがん》してましたから。

酒井　ああ。それは、「攻めよ」という声を聞いたのですか。

牟田口廉也　もちろん、「八紘一宇」ですから。「アジアすべてを大きな根の下《もと》の大家族にする」っていう、これは天照大神様のお声ですから。

酒井　そういう理念はあったとしても、「今、この時期にインパールを攻めよ」と具体的に指示を出す際には、当然、ビルマ方面軍司令官もかかわっていますよね？

牟田口廉也　うーん。まあ、（大東亜戦争の）緒戦《しょせん》はかなり勝ってましたけども、かなり負け始めてきていたのでねえ。南方の島々ではかなりやられてき始めていたし、東京空襲《くうしゅう》が少し始まってきていたので、やっぱり、一九四四年あたりに、「起《き》死回生《しかいせい》の逆転打」を打たないと、「逆転ホームラン」を打たないかぎり、間違《まちが》いなく戦い全体が敗れる。

だけど、もし、ここで、例えば、ちょっと無理な作戦とは思うけれども、アラカン山脈越えをして、インドに攻め込んで、イギリス軍を蹴散らして、そして、「インド独立」というのを、この大戦中に成し遂《と》げていたら、やっぱり、日本に対する信頼《しんらい》感がグワッと上がってくるし、英米に対する圧倒《あっとう》的な支援というか支持というか、世界のリーダーとしての信頼は大きく揺《ゆ》らいだであろうから、私がこれで勝っとれば、世界観は全然違っていただろう。

まあ、南方戦の航空機と艦船の戦いでは、ミッドウェー以降は、もう、いいことはなくなっていたんで、陸軍のほうで、何としても挽回《ばんかい》したかったところではあるわねえ。

酒井　そうですね。起死回生の……。

牟田口廉也　指示があったかどうかというよりは、ほんとはみんなの総意だけど、現実問題として、いろいろと障害はあるというのがいっぱい出てくる。それは、もう見れば分かることではあったけれども、でも、過去の日本の先人たちは、そういう言い訳を排《はい》して戦って勝ってきてるわけだから。

先ほど、義経《よしつね》の鵯越《ひよどりごえ》の話もあったけれども、あれは数十騎《き》でしょう？　確か数十騎で、平家《へいけ》の軍は大軍ですよねえ。まあ、数は私も知らないけど、数千か万はいたはずなので。

それで、何と言うか、帷幕《いばく》を設営して、そのなかで夜はゆっくり休んでたはずで、堂々の陣《じん》で攻めてこられたら、万の軍が来たって押し返せるぐらいの戦力を持っていたはずなのに、夜中に鵯越をやられて、逆落《さかお》としですね。馬の逆落としみたいなところを降りて、火をつけて回られたために混乱してしまって、敵も味方も分からなくなって、っていうのがありましたから。

今回の作戦も、それにちょっと近いものはあったんです。

1947年8月15日、インド独立

インド独立の日のラール・キラー(デリー)

<敗れて後に、大義は成る>

インパール作戦の失敗後、日本軍と行動を共にしたインド国民軍の幹部3名がインドに護送され、国家反逆罪で裁かれることになったが、無罪釈放を求める激しい大衆運動がインド各地で発生。日本敗戦の2年後の1947年8月15日、インドは独立を果たした。

チャンドラ・ボースの甥のシシル・ボースは、こう語っている。「インドの独立には、国民軍の国への忠誠心は大きな影響を与えました。しかし、われわれ国民軍を助けてくれたのは日本軍でした。インパールでの戦争で、6万の兵士が、われわれのために犠牲となってくれたのです。われわれインド人は子供に至るまで、この日本の献身的行為を、決して忘れてはいけないし、感謝しなくてはいけないのです」

<イギリス軍から見たインパール作戦>

イギリス軍は後に、「あのとき日本軍31師団が撤退せず、コヒマから2日の距離である英軍の補給基地ディマプールへ進撃していれば、英軍はインパールから撤退していただろう」(スリム第14軍司令官、パーカー中佐等の証言)と述懐している。まさに紙一重の戦いだったとも言える。

戦地における補給については、どのように考えていたのか

酒井　そうですよね。インパール作戦は鵯越をもとに構想したのだろうとも言われていますが、やはり、それは、陸軍の大学校で学んだ作戦ですか。

牟田口廉也　そう。まあ、それはそうですね。

酒井　うーん。

牟田口廉也　だから、作戦としては、こういった戦いはいつもやってるわけなんでね。

確かに、ビルマあたりであれば農村地帯であるから、「食糧は自分たちで補給をつけろ」って、日本の、まあ、東京が言いたくなるのは分かるし、海から輸送船で

送ったって、どうせ撃沈《げきちん》されるぐらいのことなので。もう、一九四四年にもなれば、制海権・制空権とも、ほとんど厳しくなっていたのでね。「私のこの作戦で勝たないかぎり、もうあとはないいな」というのは、私は思っていたから。

酒井　あの戦いの際には、牟田口中将ぐらいしか、もう、現地のことを知っている人がいなくなっていたんですよね？

牟田口廉也　うーん、まあ、そういう言い方もあるかもしらんけれども。

酒井　そこで、本当に補給が成り立つのかというところについて……。

牟田口廉也　でも、そうは言っても、現地の人たちの感情としては、最初は、日本軍に対しては好意的ではあったんでね。「イギリス軍を蹴散らして、解放してくれる」ということに対しては、すごく好意的で協力的だったんですよ。「日本軍は強い」と、けっこう思ってたんで、協力的だったのは、間違いなくそうなんですよ。

酒井　確かに、イギリス軍のなかにも、インド人の兵士たちがかなり入っていたはずなので、形勢が逆転すれば、一挙に流れが変わった可能性はあるんですけれども。

牟田口廉也　うん。だから、私が愚将であったということ以外は、やっぱり、この作戦は、ほかの人であっても、「誰《だれ》かはやった」と思いますね。うん、おそらくね。

オランダ軍を降伏させ、インドネシアのジャワ島に入る日本軍戦車隊を歓迎する地元住民（1942年3月6日）。当時は、フィリピンやビルマなど、アジア各地で日本軍を歓迎する光景が見られた。

酒井　なるほど。

二〇三高地を攻《せ》めた乃木希典《のぎまれすけ》将軍のことも参考にしていた

大川直樹　ありがとうございます。

この作戦においては、日本軍は短期決戦を目指していましたが、イギリス軍は、「補給を十分にし、雨季になれば日本軍の補給も届かなくなることを見越した上で、長期的に戦う作戦を立てていた」と言われています。

今年二〇一七年八月にＮＨＫで放送された番組では、決戦が長引くにつれて、食糧や武器・弾薬などの補給が届かなくなり、戦病死者や餓死者《がししゃ》が増えていく状況において、師団長などからも「撤退《てったい》」という意見があったにもかかわらず、彼らを更迭《こうてつ》した上で、「百メートルでも進め」と言ったというようなエピソードが流れていました。そして、今、そうしたことが国民に伝わっているといった状況です。

このあたりについて、「撤退」という意見もあったなかで、「それでも進むのだ」

と決意した理由というのは、今のお話を聴《き》いているところの、「植民地解放」といった思いによるところが大きかったと考えてよろしいのでしょうか。

牟田口廉也　うーん、だから、海軍がねえ、まだある程度戦力を保持しておれば、海からだって攻《せ》められたからね。ミッドウェーなんかの大敗北がなければねえ、まだ空母が四隻ぐらいでも使えたら、空母と戦艦をつけて、インドを海から攻めることだって可能でしたから。そういうものが、もう、ほとんど敗れ去っていた。

「イギリスは空中から補給していた」というのは有名な話ではあるけれども、そういう補給のための大きな航空機みたいなのを、日本はあんまり考えなかったのは事実で、とりあえず突《つ》っ込んでいく。片道燃料でね、特攻《とっこう》が始まっていきますから。「(日本に)還《かえ》すだけの燃料も惜《お》しい」ということだね。だから、責められるとしたら、おそらく、「人命を軽く見た」というところなんだろうと思うけれども。

でも、さっき、ハンニバルの話とかもしましたし、鵯越の話もしたけど、もう一つは、乃木《のぎ》将軍のも参考にしてて。（日露戦争では）二〇三高地を攻めるのに、もう何万人もの死傷者を出してるし、（乃木将軍も）自分の息子《むすこ》を二人も亡《な》くしてますよね。

向こうがあれほど頑丈《がんじょう》なトーチカというか、要塞《ようさい》を再構築してたというのを知らなかったからねえ。二〇三高地は、日清戦争でも一回取ってるところで、そのときは楽々落としてますから。ロシア軍がコンクリートですっごく補強して、ものすごい要塞になってたっていうのを、こちらはちょっと知らなかったからねえ。

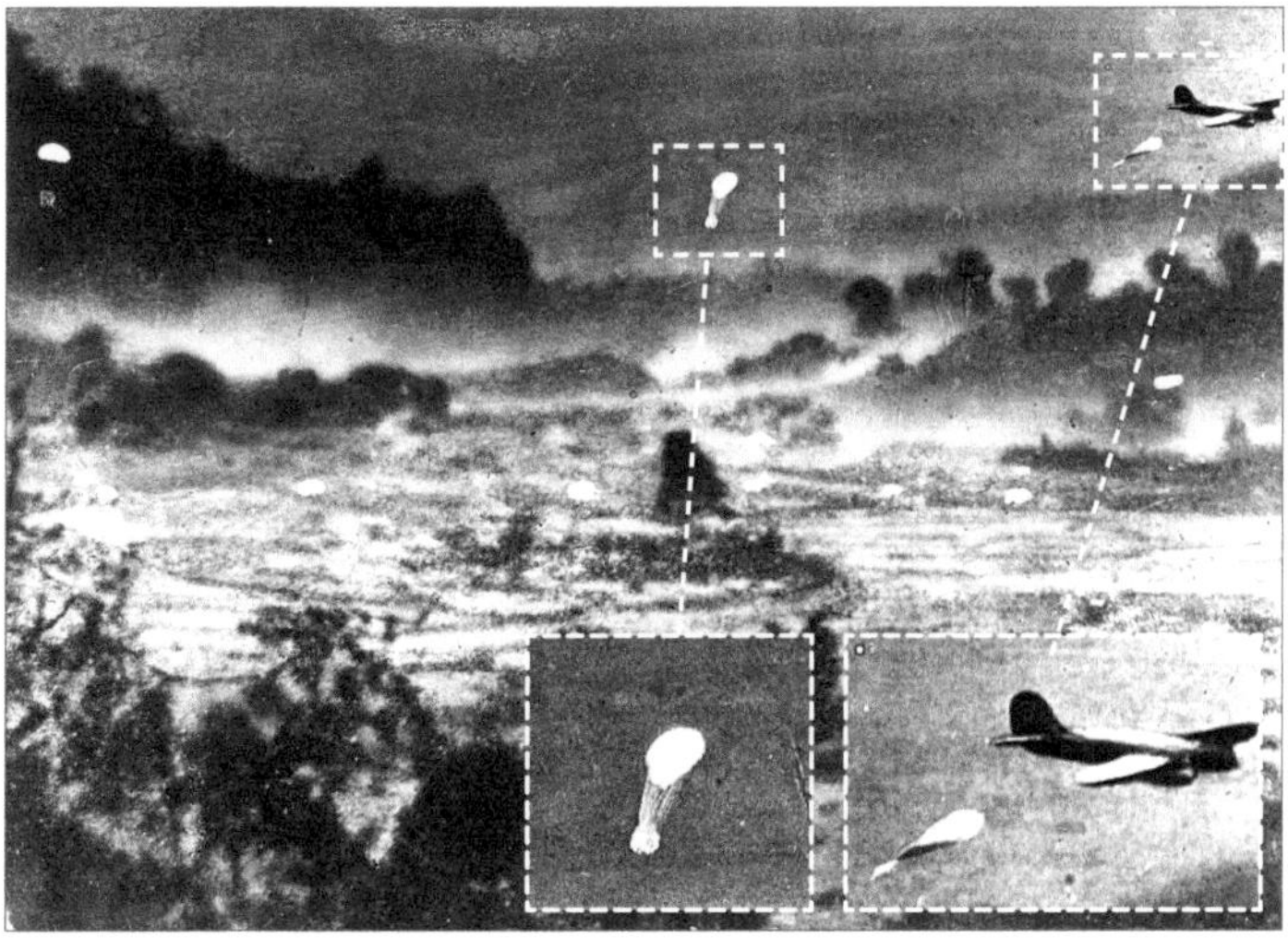

イギリスの地上軍部隊へ航空機からパラシュートを付けて投下される物資。日本軍が包囲していたシンゼイワ盆地への空輸品には、食糧や弾薬をはじめ、医療器具や眼鏡まで含まれていた（1944年2月頃）。

だから、乃木さんもそうとうに苦戦して、万の人を死なせて、「陛下から預かった多くの若者たちの命を失わせました」ということでお詫《わ》びもされてるし、最期《さいご》、明治天皇の崩御《ほうぎょ》の際に自決されてますよね。やっぱり、二〇三高地で何万もの人たちを、無能な指揮により無駄死《むだじ》にさせたということの後悔《こうかい》と無念の思いもあって、殉死《じゅんし》したんだと思いますけど。

そういう乃木さんの例もあったので、万の人が死んだとしてもやむをえないかなという考えはあったんです。もし、最終的に勝利を収めることができるならね。

まあ、最初の見積もりが甘《あま》かったとしたら、五千人ぐらいは死ぬとは思っていたけど、残りの軍がインパールやコヒマに攻め込むことができて、敵の陣地を取ってしまえば、さらに戦うことは可能だと思っていたのが、敵の〝神風〟に当たるものもあってね。

乃木希典（1849〜1912）　長州藩出身の軍人。陸軍大将。明治維新後は、西南戦争、日清戦争に出征。日露戦争では、第3軍司令官として旅順《りょじゅん》攻略を指揮。昭和天皇の教育係も務めた。明治天皇の大葬の日、妻と共に殉死。港区・赤坂など全国各地の「乃木神社」に祀られている。

雨季といっても、かつてないほどの歴史的集中豪雨がいっぱいあって、川の水かさも増えるし、山も、もう……、要するに、身を隠《かく》すところがない状態が続いたっていうあたりが厳しかったわねえ。

だけど、イギリス人よりも、こちらのほうがそういう戦いはまだ強いと思っておったけれども、向こうは、インドのほうが完全に〝寝返《ねがえ》る〟ところまでは行ってなかった。インドっていうところの強大な補給ラインを、まだ植民地として持っていたので、ここから補給をつけられているのに対して、日本のほうが圧倒的に不利だったということは、やっぱり、言えるわねえ。

だから、一言《ひとこと》で言って、〝九回の裏、逆転サヨナラ〟を打てなかったのは、無念としか言いようがない。「愚将」の名前があと千年遺《のこ》るかと思うと、ほんとに残念ですね。

3 「民主主義は人命を尊ぶ」という戦後プロパガンダ

「人命を軽《かろ》んじたのはアメリカも一緒《いっしょ》」

大川直樹　もう一点お伺《うかが》いしたいのですけれども、戦時中における人命に対する考え方について、日本軍の「国のためにだったら死ぬ」「最終的な勝利のためなら、多少の犠牲《ぎせい》はしかたない」という考え方と、対戦国であるアメリカ軍やイギリス軍の「命をいちばんに護《まも》るのが大切だ」という考え方に違《ちが》いがあったというように考えてよろしいのでしょうか。

牟田口廉也　まあ、でも、それはねえ、戦後のプロパガンダもかなりあるから、そのまま受け入れてはいけないところもあるかもしれませんね。彼らの民主主義を合理化するっていうか、ＰＲして、「正義の戦いだった」っていうことを印象づけるための戦後のプロパガンダが入っているので。

「民主主義というのは、人命を大事にする、人の値打ちを大事にする考え方だ。だから、民主主義 対 ファシズムの戦いで、（民主主義が）勝利したんだ」という。

大川直樹　はい。

牟田口廉也　「ファシズムを駆逐《くちく》して、イタリア、ドイツ、日本というファシズムを殲滅《せんめつ》したのは民主主義を世界に広げるためで、大東亜共栄圏《だいとうあきょうえいけん》に代わって、民主主義の宣教師としての戦いだった。アメリカは、人命を非常に大事にしながらやった。日本は人命を軽《かろ》んじるような悪い国だから、こんな目に遭《あ》ってもしかたがないんだ」と。

でも、人命を軽んじたのはアメリカも一緒《いっしょ》だよね。

広島に原爆《げんばく》を落として十万人の民間人を殺す。東京大空襲《だいくうしゅう》で丸焼きにする。長崎《ながさき》も七万以上の人は死んでいる。「人命というか、これを蟻《あり》みたいに思っていただろうが」っていう、「蟻の軍隊が歩いているのを、上から踏《ふ》み潰《つぶ》すようなつもりでいただろうが」って、こっちも言うことはできる。

それから、日本人は木と紙でできた家に住んでるってことで、ゲラゲラ笑ってるわけで。向こうは、コンクリートだ、あるいは石造りだって、頑《がん》丈《じょう》な家に住んでるけど、「木と紙の家だ。燃やしちゃえ」っていう。「オレンジ計画」っていうやつね。日本焦土《しょうど》化作戦っていうのが、すでに、日米戦争が始まる十年以上前からあったんでね。もう、日本を焦土化するっていうのはあったので、その開発もそうとうしていたよね。

東京大空襲のあとの牛込《うしごめ》区市ヶ谷《いちがや》付近の風景（1945年3月10日頃）。

あと、ベトナム戦争で使われたナパーム弾《だん》の走りに当たるものをすでに持っていたんで。単に人を殺傷するだけでなくて、街ごと全部焼いてしまうっていうことを目的にした爆弾（焼夷弾《しょういだん》）を、いっぱい雨あられと降らせてきたわねえ。

だから、「人を大事にしてる」って……、要するに、「人」っていうのは「ホワイト・アメリカン」のことを言っていて、アメリカ人はできるだけ死ななくて、敵ができるだけ死ぬように、日本人ができるだけ死ぬようにっていうのが「人を大事にする」っていうことなら、おっしゃるとおりだろうと思うが。「日本人ができるだけ死なないで降伏《こうふく》するような作戦」という意味ではやってはいなかったわねえ、少なくともね。

大川直樹　はい。

牟田口廉也　われわれだって、例えば、鍛《きた》え上げたゼロ戦のパイロットがいっぱい死んでいって、練習が足りないやつらが、「七面鳥撃《しちめんちょうう》ち」と言われるような墜《お》とされ方をするようになるのは悲しいことではあったですけれども。

まあ、それは、やっぱり、国としての豊かさの問題、個人当たりにかけられるお金の問題ではあったのかなあというふうに思いますね。

「自国民の人命重視」のアメリカ、「武士道的な考え方」が残っていた日本

牟田口廉也　今のアメリカの戦い方を見ても、だいたい、「できるだけアメリカの死傷者を減らして、敵の被害《ひがい》を大きくする」っていう考えで、全部それでしょう？　イラクとの戦いでもそうですよね。アメリカ人（の死傷者）をできるだけ少なくする。湾岸《わんがん》戦争とかは、アメリカ人は公称《こうしょう》百人ぐらいしか死んでいなくて、イラクの死傷者は発表はしていないけど、十万を超《こ》えて、もっと死んでいるだろうと言われていますよね。だから、アメリカ人は、できるだけ少なくする。

まあ、実際は、「湾岸（戦争）症候群《しょうこうぐん》」で、病人になって、発狂《はっきょう》したり廃人《はいじん》にな

ったりした人がいっぱいいるみたいですけどね。あと、イラク戦争でも同じようなことは起きてるし、ベトナム戦争でも死んだ人は五万ちょっとかもしらんけれども、実際、(アメリカに)帰ってから、そのあと、もう使いものにならなくなった人間はいっぱいいるよね。

だけど、アメリカの戦い方は、「アメリカ人の死者は少なく、日本人が多い」っていう戦い方をするのが基本だから、「破壊力《はかいりょく》の大きい武器をできるだけ使って、敵を数多く殺傷して、自分たちはできるだけ安全なところにいる」という考え方ではありましょうね。

これに対して、日本の武士道的な考え方がやや時代遅《おく》れだったのかもしれないというところもあるけどね。だいたい、「一対一決戦」みたいなのを頭のなかに置いているところがあったから。要するに、肉弾戦で、弾《たま》を撃たれても、これをかいくぐって行って、できるだけ敵に肉薄《にくはく》して、最後は銃剣《じゅうけん》で突《つ》き刺《さ》すっていう。まあ、原始的って言ったら原始的だけど、〝チャンバラの時代〟の考えが残っていたことは事実だよね。

もし日本が勝っていたら、米軍は「悪鬼羅刹《あっきらせつ》のごとし」と言われたはずなんで。

牟田口廉也　でも、「豊かな補給をつけろ」といっても、できなかったのは現実なんで。マシンガンに対するのに銃剣で行くのは、それはかなりきついですよ。それから、川を渡《わた》り、山を越《こ》え、大雨のなか……。もう、弾も湿《しめ》っているなか、マシンガンで山頂から狙《ねら》われているのを攻《せ》め上《のぼ》るというのも。まあ、城攻めのかたちですけど。

日本は、戦国時代にそんな経験はいっぱいあることはあるけども、いや、遠征《えんせい》してまでやるのはけっこう厳しい話だよね。朝鮮《ちょうせん》遠征なんかでも、よく失敗しているわね。秀吉《ひでよし》でも、明《みん》国、大明国を攻めて、やっぱり、失敗はしていますからね。

海外っていうことになりますと、船とか飛行機とか、そういうものの輸送力のところは、やっぱり大きかったでありましょうね。これは、現地で調達できないものがある。武器・弾薬のところはね、調達できないところがあるので。だから、口では、大きくは「大本営《だいほんえい》」と言っているけど、実際に支給されるものは、もう、経理部みたいな考えで、「できるだけ少なくする」みたいな感じでやっていたからねえ。

まあ、無理な戦いをしたというか、兵線が伸《の》びすぎたといえば、そのとおりかもしれないですけれども。戦力から見れば、最初から、「本土決戦に向けて、ただただ護りを固めていく」という戦い方もありえたんだけどねえ。

アメリカのほうは、ペリリュー島、硫黄島《いおうとう》の戦い等でものすごい犠牲者を出したんですが、普通《ふつう》、これはありえないことですよ。艦砲射撃《かんぽうしゃげき》をいっぱいして、島中、もう形が崩《くず》れるぐらいまでの艦砲射撃をした上で海兵隊が上陸して、それで互角《ごかく》か、あるいは互角以上の戦いを日本軍がやっているのでね。

『パラオ諸島ペリリュー島守備隊長 中川州男《なかがわくにお》大佐の霊言』（幸福の科学出版刊）

『硫黄島 栗林忠道《くりばやしただみち》中将の霊言 日本人への伝言』（幸福の科学出版刊）

あれを見て、「やっぱり、本土決戦というのはありえない」っていうことで、日本に上陸はしたくないから、原爆とか、あるいは、焼夷弾とかで街を焼いて人を殺して、民間人も含《ふく》めて殺して、戦意を喪失《そうしつ》させるという作戦に出たと思うんだけど。

これは、まあ、戦後の分析《ぶんせき》だから、君らは、「人命を日本は軽んじて、向こう（アメリカ）は重んじた」って言ってるけど、その見方によっては逆で。もし、日本のほうが勝っていたら、もう、米軍は「悪鬼羅刹《あっきらせつ》のごとし」というふうに言われたのは間違いないわなあ。

「勝つ見込《みこ》みがあれば戦う」ではなく、「勝たねばならなかった」

酒井　しかし、三週間ということで組んだ作戦が延びた段階で、なぜ、見直しをしなかったのでしょうか。それでは、餓死《がし》や病気、死傷者が増えるというのは分かりますよね？

牟田口廉也　延びたっていっても、三週間で勝たなかったら、もう、あと、それ以上の補給はちょっと難しかったということは、もう最初から……。

酒井　分かっていたわけですよね？

牟田口廉也　うん、うん、うん。

酒井　それで、そのあと、退《ひ》くに退けず、やめるにやめられず……。

牟田口廉也　だけど、退いたら、死傷者はもっと多かったでしょう？　結局ね。だから、うーん……。

酒井　そのあたりのところですが、作戦段階で、本当に「三週間で勝つ」という見《み》込《こ》みがあったのかどうか。

牟田口廉也　勝たねばならなかった。「勝つ見込みがあれば戦う」っていうんじゃなくて、「勝たねばならなかった」んだよ。

食糧《しょくりょう》補給では非常に苦労した蜀《しょく》の諸葛孔明《しょかつこうめい》

酒井　そこで、日本としては、戦争の分析において、例えば、物量等の軽視ですね。具体的に、「兵器は足りているのか」「弾薬や食糧《しょくりょう》を運べるのか」、また、「そもそも制空権を握《にぎ》られているところに、どうやって行くのか」「飛行機部隊は連動しているのか」など、そういう考え方について、作戦の初期段階で練り込んだのでしょうか。

牟田口廉也　はあ……（ため息）。まあ、あんたがたの言うとおり、いやあ、あとは撤退《てったい》しかないわけで、結局、みんな、本土に全部戻《もど》ってくる以外、方法はないんだけどね。ただ、本土に帰るにも帰れない状態ではあったからね。

本土に兵員を帰す輸送船さえ、もう十分にない状態になってきていたから、輸送船で帰っても、どうせ潜水艦《せんすいかん》で撃沈《げきちん》されるぐらいのことでね。日本に帰ってこようとしたって、どうせみんな死ぬんだから。どうせ沈《しず》められるから。うん。

酒井　ならば、インドに進行せずに、ビルマを護るという作戦はなかったのですか。

牟田口廉也　（ビルマを護っていても）いずれ死んだでしょう。いずれやられたでしょうから、それは。敵（イギリス軍）はいったん負けて、撤退していってるので。そこで護ってれば、いずれ、全滅は免《まぬが》れなかった。どうせ負けたと思います。

酒井　しかし、例えば、栗林中将《くりばやしちゅうじょう》は、「できるだけその時間を延ばす」という作戦

●栗林忠道（1891～1945）　陸軍軍人。硫黄島《いおうとう》の戦いにおける日本軍守備隊の最高指揮官を務めた。徹底的な長期抵抗戦で兵力を削ることを企図し、全島に地下坑道を建設してゲリラ戦を展開。米軍に、日本軍を上回る２万８千人以上の死傷を与え、アメリカ世論を揺さぶった。

を取ったわけですよ。

牟田口廉也　だけどね、「補給がない」っていうのはね、そうは言っても、「生産力がない」ということだし、（当時の日本は）国際連盟を脱退《だったい》していたから、ほかのところから援助《えんじょ》はない状態なので、自分たちが、それは、戦争で勝ったところで、その相手国とかから食糧を動物から穀物まで得て、戦い続ける以外に方法はなかったんでね。

（三国志で）諸葛孔明《しょかつこうめい》が、蜀《しょく》の国から三度《みたび》、四度《よたび》と、「魏討伐《ぎとうばつ》」を掲《かか》げた北伐《ほくばつ》をやったけれども、いずれも成功しなかったのも、結局、「補給のところ」ではあるわね。魏の国のほうが五倍ぐらいは豊かだったので。

それで、蜀からの出口は山道《やまみち》なので、山道を通って補給をつけるっていうので補給路が長くなっていって、なかなかできずに、とうとう最後は「屯田兵《とんでんへい》」までやってましたよね。「畑をつくって、稲《いね》の刈《か》り入れをして戦い続ける」っていうのまでやってましたが、諸葛孔明にしても、まあ、そんなもんでしたから。蜀の国からの補給がつかないので、戦地で兵士が合間《あいま》に畑をつくり、田んぼをつくって、自給自足をやりながら戦い続けるって、まあ、気の毒な戦いをしているけども。

「自分が死んだあとは、魏に必ず滅《ほろ》ぼされる」と思ってたから。「この諸葛孔明が生きている間でなければ」というのは、信念みたいなもんでね。「何としても、自分の息のあるうちに曹操《そうそう》を倒《たお》さなければ、自分の子供の代には滅びる」と見ていたから、それで必死の戦いをやり続けた。

だから、逆に、彼は、「内政はできたけれども、本当は戦争が下手《へた》だった」と言われることも多いんだけれども。

やっぱり、国としての豊かさということでは、蜀の国っていうのは、もともと、非常に辺鄙《へんぴ》なところであるので。項羽《こうう》と劉邦《りゅうほう》の戦いでも、劉邦が漢中王《かんちゅうおう》になったあと、追いやられて蜀に行ってるけど、「蜀からだったら、もう出てこられまい」と言われるぐらいの僻地《へきち》なわけなんでね。

まあ、その意味で、閉《と》じこもってるにはいいんだけれども、出ていく、攻めていくには、やっぱり、かなりの犠牲を伴《ともな》う。郡部の移動も大変だし、食糧の輸送路がすごく長くて、けっこう厳しくなって、やっぱり、なかなかできなかったっていう。それとまったく同じパターンなんでね。孔明をして二十年以上戦い続けても、結局は勝てなかった戦いもあるので。うーん、まあ、厳しいわなあ。

だから、もし、アメリカ的な「豊かさ」、「技術力・工業力」があれば、当然、まずは川に橋を架《か》けてやることだろうとは思うけれども、まあ、それほどの余力はなかったということでしょうねえ。川に橋をつくり、山に道をつくり、土木作業をやってから、工兵隊のほうが先に来てやっていくことになるんだろうけれども、あらゆるものが欠けていた状態ではあったわなあ。

4　戦争下における虚々実々《きょきょじつじつ》の情報戦

盧溝橋《ろこうきょう》事件は日本から攻撃《こうげき》を仕掛《しか》けたのか

酒井　話はまったく変わりますが、牟田口中将《ちゅうじょう》は、●盧溝橋《ろこうきょう》事件を自分が起こしたというふうに語られていたとお聞きしたことがあるんですけれども、あれは、本当に、日本が国民党軍に対して戦争を仕掛《しか》けたのでしょうか。

牟田口廉也　うーん、そのへんについては、難しいところはあるわなあ。私が起こしたと言ったって、うん……。「あとは勝ち戦《いくさ》……」であれば、そう言えば手柄《てがら》にはなるわなあ。「あとは負け戦になる」と言ったら戦犯《せんぱん》みたいになるから、まあ、あんまり、あんまり……。

●盧溝橋事件　1937年7月7日、中国北京の盧溝橋付近で起こった日本軍と中国軍との衝突事件のこと。日中戦争の発端となった。

酒井　そのせいで、「日中戦争を終わらせるために、インパール作戦もやったんだ」というようなことをおっしゃったと。

牟田口廉也　うーん、いろいろな要因があるから、まあ、何とも言えないけど。うーん……。

支那《しな》ってのは、あそこも悪い国でね。本当にねえ、信用ならない。要するに、契《けい》約《やく》が成り立たない相手なんだよ。本当に、いやあ、「正規軍 対 正規軍」の戦いで勝ち負けがあれば、（相手側が）負けたら負けたで、あとは平和に統治することは可能なんだけど。（当時の支那には）正規軍なるものがない状況《じょうきょう》に近くて、もう、みんながゲリラ、みんなが民兵みたいな感じでね。

今のイスラムテロみたいな、ああいうのを相手にしてたような状態にちょっと近いところだったんで。誰《だれ》が、どういう意図で、いつ襲《おそ》ってくるか分からないようなことが、中国に進出してから頻発《ひんぱつ》しておりましたんでね。だから、「起こした、起こされた」っていうような議論は、ちょっと、何とも言えないところはあるんだけども、うーん。

これはたぶん、戦後の、向こうのプロパガンダもだいぶあるから、まあ、何とも言うことはできないけど。〝日本人が仕掛けた〟ということにしたいんだろうけど。

酒井　「実は、中国共産党が日本軍と国民党軍を戦わせるために仕掛けた罠《わな》だった」という説もあるのですが、そのへんは？

牟田口廉也　そのへんは、難しいなあ。うーん、難しいなあ。

毛沢東《もうたくとう》以降は、また向こうも、歴史は自分なりにつくって、いろいろあるだろうから。実際は、逃《に》げて、逃げて、逃げまくってたのに、何か、すごく勝ってたような、日本に抵抗《ていこう》して勝ってたような言い方をしてるんだろうからなあ。まあ、正体はなかなか分からないですよ。もう、中国人の戦い方の正体はよく分かりませんけど。

これも、知らない人のために言えば、明《みん》の次の清朝《しん》っていうのは満州人《まんしゅうじん》のつくった国で、今の満州地方……、満州って分かるかな？　満蒙《まんもう》という、日本があとで取っていたところですけど。そこの満州人が清朝だったわけで、いわゆる漢《かん》民族ではない、要するに、中国が外国に支配されてる状態ではあったわけですよ。

頭をずーっと剃《そ》り上げて、後ろだけ三つ編みにしたみたいな髪《かみ》を、男もみんなしてるよねえ。あれは、清朝時代の弁髪《べんぱつ》ってやつで、満州族の風習ですよね。（清の時代は）その満州族に中国全土が支配されていた。

それが、内戦とかいろいろあって、だんだん、清朝が満州だけに戻《もど》っていって壊《かい》滅《めつ》しようとするところに、日本が入ってですね、満州国というのを独立させて、そこだけでも自治区にして独立させて、王朝として残そうとしたっていうことなんですけどね。

まあ、そのあたりから始まってはいるんですが、対中国戦は、もうちょっと長い

●**石原莞爾**（1889～1949）　陸軍軍人。1928年関東軍参謀となり、満州事変、満州国建国を推進した。後《のち》に、持説の「世界最終戦争」に基づく日米決戦を想定し、対中戦不拡大を主張して東條英機と対立、1941年予備役に追いやられた。

ので。先の日米戦争よりは歴史が長い。十年ぐらいは長くあったので、まあ、いろいろ内部でやったことの全体像は、なかなか分かりません。

私も、だんだん、年齢《ねんれい》相応に出世しているので、最初のころにそんなに力があったかどうかは分かりませんが、そのあたりの考えからいくと、もう、私なんかよりも、●石原莞爾《いしわらかんじ》だとか、その他、そのあたりの人たちの思想なんかも大きく影響《えいきょう》はしているんじゃないかとは思うのでね。私たちはまだ、実戦部隊を率いてるぐらいのレベルであったので、全部考えたことでやれたとは必ずしも思えないけどねえ。

石原とか、●辻参謀《つじさんぼう》とか、こんな人たちの考えは、初期のころにはそうとう影響しているとと思う。

「東京初空襲《くうしゅう》」では決死の戦いで臨《のぞ》んだアメリカ

久保田　ありがとうございます。今のお話を伺《うかが》いますと、日本の国を護《まも》るために、大きな使命を持って大東亜《だいとうあ》戦争を戦われたように見受けられますが、実際に、どの

●辻政信（1902 ～ 1968 ？）　陸軍軍人。1937 年、関東軍参謀となり、ノモンハン事件では対ソ強硬論を主張。1942 ～ 43 年は、参謀本部作戦班長として、ガダルカナル作戦に参加。44 年、ビルマの第 33 軍参謀となる。

ような覚悟《かくご》や責任感を持って、ビルマにおいて戦っていらしたのでしょうか。

牟田口廉也　うん……、はあ……（ため息）。ハワイの真珠湾攻撃《しんじゅわんこうげき》で緒戦《しょせん》は勝ったけれども、海の戦いはねえ、どんどん敗色が濃《こ》くなってきたしね。

それから、向こうからの東京空襲《くうしゅう》っていうのがあってね。われわれが予想したよりも二年ぐらい早く東京空襲っていうのがあってねえ。これも、ニミッツ（太平洋艦隊《かんたい》司令長官）か何か、カール・スパーツ（空軍大将）、スプルーアンス（第五艦隊司令長官）か、ちょっと、そのあたりの考えなんだろうけども、まさかね、アメリカが日本みたいな戦い方をしたんですよね。

実は、片道燃料で、還《かえ》れない距離《きょり》で、とりあえず東京の上……、東京や名古屋《なごや》、大阪《おおさか》、神戸《こうべ》等を爆撃《ばくげき》しているはずですが、爆弾《ばくだん》だけ上に落として中国大陸に不時着するっていう、もう、あっちも〝決死の戦い〟でやってるわけでね。

われわれとしては「最終防衛圏《けん》」を考えてたから。それは、アメリカの考えから

●二年ぐらい早く東京空襲……　1944年以降に行われた東京大空襲に遡《さかのぼ》ること2年ほど前、1942年4月18日、アメリカ軍B25爆撃機16機による日本本土に対する初めての空襲が行われた。このとき、東京、川崎、神戸、名古屋などが爆撃されている。指揮を執ったジェームズ・ドーリットル中佐の名を取って「ドーリットル空襲」と呼ばれる。

言えば、「行って攻撃して還ってこられるぐらいの距離」ということになるのでね、そこを護ってる間は本土空襲はないと思ったのに、いきなり東京空襲等をやられたんだね。

あれは心理作戦だったんだとは思うが、中国に不時着できたものもあれば、やっぱり、途中《とちゅう》で墜落《ついらく》した米軍爆撃機もあったみたいなので、「還れない戦いで、とにかく一矢報《いっしむく》いる」っていう必死の戦いは、アメリカもやってたからね。

それで、二年ぐらい、ちょっと計算が狂《くる》ってしまったところはあるけど、アメリカだって、私のインパール作戦みたいなのを、ちゃんとやってるわけなんですよ。爆撃機が還れないことを承知の上で、東京、名古屋、大阪、神戸等を爆撃した。「とりあえず中国のどこかに、胴体《どうたい》着陸でもいいから（着陸）しろ」っていう、こういう作戦で爆撃して。それで、大本営《だいほんえい》がすごく慌《あわ》てたし、天皇陛下《へいか》も「大丈夫《だいじょうぶ》か、これは」って言い始めたのは、そのころだったと思いますが、あまりに早かった。

だけど、実際は奇襲《きしゅう》っていうか、彼らの、意表を突《つ》いた戦い方ではあったと思う。

そういう虚々実々《きょきょじつじつ》の掛け合いは、いっぱいあったんだと思うけどね。

「乃木《のぎ》さんならアラカン山脈を越《こ》えられたんだろうか」

牟田口廉也　まあ、そういうので言えば、インパールだって、アラカン山脈越《ご》えなんて、これはもう不可能に近いことではあったんだけども。実際、大砲《たいほう》も戦車も上がれないしねえ。重いやつをみんな人力で担《かつ》ぎ上げていくっていうんだから、これは、かなり無理な戦いではあったけども、まあ、何とかして……。

ハンニバルを出すのは古すぎるとしても、二〇三高地を取るために、乃木《のぎ》（希《まれ》典《すけ》）さんがあれだけ頑張《がんば》っていたけど、あれは児玉《こだま》（源太郎《げんたろう》）さんだったかねえ？　が出てきて、お台場《だいば》の大砲を持ち上げて（向こうに持って）いった。

あれも大変だったと思うけど、高地を取った上に、そこに据《す》え付けて、そこから旅順《りょじゅん》の港湾に停まっているロシア艦隊を砲撃するっていう作戦で、これも意表を突いた「異次元発想」だわな。停泊《ていはく》している艦船が、お台場のでかいあれで山の上からガンガン撃《う》たれたら、そらあ、停まってるものは沈《しず》められるわなあ。うん。

これで（ロシアは）負けたんだろうと思うけど、その前に（日本は）数万の人が死んでるからね。

まあ、戦は難しいんだけど、とにかく、今までの日本の戦いも、別に、勝てる戦いではなかったんで、計算上はね。計算だけすれば、勝てる戦いじゃなかったものを、まあ、神風《かみかぜ》なのか、神のご加護なのか、あるいは、軍人たちが本当に英雄《えいゆう》だったのか知らないけど、苦難を乗り越えて日本の発展・興隆《こうりゅう》を導いてきたんで、われら愚将《ぐしょう》、ほんとに立場がない状態だがなあ。

もっと優秀《ゆうしゅう》な、乃木さんだったら、アラカン山脈を越えられたんだろうか。うーん、分からんなあ。うーん。

「大本営《だいほんえい》発表」は、軍事体制下ならどの国もやっている

久保田　質問を変えさせていただきます。日本の戦争については、よく「大本営《だいほんえい》発

表」ということが言われます。「厳しい状況を直視せずに、いいニュースだけを伝える」という点に関して、戦後、かなり批判的な意見も多いのですが、実際に戦っていた立場として、どのように考えられますでしょうか。

牟田口廉也　いやあ、今だって、北朝鮮《きたちょうせん》とアメリカが言論戦やってるわねえ。この話をしている時点ではね。まあ、放送を通じてやってるが。

もう、北朝鮮に言わせりゃあ、「将軍様が『やれ』と言ったら、その瞬間《しゅんかん》にグアムは焦土《しょうど》と化し、アメリカのワシントンも西海岸も全部、一瞬で吹《ふ》っ飛ぶんだ」みたいなことを、あちらはあちらで言ってる。アメリカはアメリカで、「炎《ほのお》と怒《いか》りのなかに、北朝鮮は壊滅的な瞬間を迎《むか》えるだろう」みたいなことを言ってる。

そらあ、戦争においては、そういうふうに「自分の力を大きく見せて、相手を低く言う」っていうのは、心理戦として当然あることなんで。「負けました」っていうことを正確に国民にみんな知らせていくっていうのは、ほかの国であっても、なかなかないことだし。

それに、軍を指揮している者にとっては、「言っていいこと、悪いこと」の情報管理は、すごく難しくなる。だから、軍事体制下になれば、全部、今の共産党の一党独裁と、ほとんど変わらない状態になるのは、どこもほぼ一緒で。

あなたがたも知ってるだろうが、ジョージ・オーウェルの『一九八四年』っていう、未来社会を描《か》いた小説がありますけども。それは、テレスクリーンで監視《かんし》されて、国民が全部見張られてる社会っていうのだよね。それをみんな、スターリン下のソ連を批判する、全体主義国家を批判する小説として受け入れてはいたけども。

ジョージ・オーウェル自身はイギリス人で、ビルマ駐在《ちゅうざい》の警察官、おまわりさんとして、ビルマの治安を護っていた段階で、実は、イギリス軍のやり方が、いわゆる全体主義国家のやり方と、現実は一緒だったのを見たわけで。その経験から書いたら、その後、スターリンがやったソ連の恐怖《きょうふ》支配と実際は一緒だったということだよね。今のイギリスだって、国民十人に一台ぐらい監視カメラがあるっていうぐ

●ジョージ・オーウェル（1903〜1950）　イギリスの作家。イギリス植民地時代のインドに生まれる。イートン校を卒業の後、インド帝国警察に勤めるが、五年後、職を辞す。放浪生活の経験などをもとにしたルポ作品の刊行やスペイン内戦への参戦等を経て、晩年、全体主義国家における監視社会の恐ろしさを描いた『1984年』を執筆した。

らいの、そういう〝諜報《ちょうほう》国家〟になっておりますけど。

そういうことで、どこも軍事体制になると、ほぼ全体主義の統制経済下に置かれて、情報管制を受けるっていうのは、そのとおりだよね。

だから、これは非常に難しいので、マスコミだって、協力するマスコミもあるんだけど、あんまり不利になったら、今度は逆に出し抜《ぬ》いてスクープするものもあったりする。

マスコミの管制のところは、ベトナム戦争とかキューバ危機のときなんかでも、アメリカ政府もそうとう苦労しただろうと思う。

要するに、戦争の悲惨《ひさん》な実態だけを伝えたら、みんな、あっという間に戦意を失って戦わなくなりますので。「どこまで伏《ふ》せて、いいニュースを流すか」みたいなのは、みんな調整をやってたと思うね。

日本のマスコミ自体も、戦意高揚《こうよう》の記事を書いていた

牟田口廉也　私らのほうも、確かに情報将校のほうは、日本のメディアに対して、「いいことを多く言って、悪いことは小さくする」ような調整をしていたのは、そのとおりだけども。

当時の日本のマスコミ……、まあ、朝日新聞、毎日新聞等が中心になってね。今は、まったく〝正反対〟になってるけど、当時は、朝日、毎日とかが、もう〝提灯《ちょうちん》記事〟のラッシュで、「いかに勝ったか」みたいな感じの、戦意高揚《こうよう》の記事をどんどん書くので。

あんたらは、「ビルマだけを死守したらいいんじゃないか」とか、「なんで撤退《てったい》しなかったか」って言うけど、そんなことをしたら、それこそものすごい批判で。「牟田口、更迭《こうてつ》せよ」っていうのは、もう言論であっという間に、それは更迭するでしょう。「そんな弱気なやつは要《い》らん」っていう、そういうメディアでしたから。

それが、その反対になって、戦後は、朝日とか毎日とかが、反戦記事をずーっと書き続けてるわけで。まあ、自分らが戦争協力者だったから、そういうことをやっているわけなんだけどね。まあ、その虚々実々は、なかなか分からない。

チャーチルなんかも、もともとジャーナリストだからね。南アフリカから〝脱《だっ》走《そう》〟してきたジャーナリストで、ジャーナリスト的な感覚は持ってたから。情報統制とかは、そうとうやってたんではないかと思う。

だから、あの話は有名だよね。ドイツの「エニグマ」の暗号を解読できていたにもかかわらず、それを相手に悟《さと》られたら暗号を変えられるから、解読できていないようなふりをして空襲させ続けた。ロンドン市民とか、おそらく十万人は殺したんじゃないかと言われているけど。

解読していることがバレると、あっという間に対応されるから、チャーチルは、いつもドイツ軍

ウィンストン・チャーチル（1874 ～ 1965）　イギリスの政治家。第二次大戦時、首相として指導力を発揮し、ナチスによる欧州支配の野望を打ち砕いた。ユーモアとウイットに富んだ演説を数多く遺し、なかでも戦後、共産主義に対抗すべく西欧諸国の結束を訴えた「鉄のカーテン」演説が有名。

の空襲で不意打ちを受けてるようなふりをし続けて、実は「壊滅作戦」を狙《ねら》っていた。（ドイツ軍が）大規模な空襲をかけようとしている最後の瞬間にね。

まあ、空襲をかけてくるときは、だいたい（高度）千メートルぐらいのところまで降りてきて飛んでますから、イギリス空軍は三千メートルぐらいのところで滞空《たいくう》してて、そして急降下して（ドイツ軍機を）全部撃滅するっていうのをやってるけど。

もう、国民も〝騙《だま》して〟、チャーチルはやってますよね。そのためには、十万人ぐらいのロンドン市民等は、たぶん爆撃で死んでるはずです。

まあ、政治家っていうのは、そういうことはするものなんでね。

だから、私たちのやったのは、これは……、「実状、悲惨な現状だけを、今のCNNか何かみたいにレポートさえしとれば正されたか」っていっても、その現場からの報道だけで全体像が見えるかっていったら、そう簡単なもんではないんで。

それは、学生運動でぶつかり合っても、どっち側にカメラがあるかによって違《ちが》うようにね。学生側にカメラがあったら、警官隊がすごく憎々《にくにく》しく見えるし、警官隊のほうにカメラがあったら、学生っていうのがほんとに暴徒のように見えて、勉強もしないでヤクザまがいのことをやってるように見える。

報道というのは、そういうものもあるんで、そのへんは難しいね。

5　牟田口司令官が語る「旧日本軍指揮の問題点」

終戦時、大陸には百万人以上の日本陸軍が残っていた

酒井　そのような世論《よろん》の影響《えいきょう》や制約、それから大本営《だいほんえい》の制約などがあるのは分かりますが、参謀《さんぼう》をはじめ、部下たちが作戦の変更《へんこう》を牟田口中将《ちゅうじょう》に対して進言したわけですよね。

牟田口廉也　はい。

酒井　そのあたりを今振《ふ》り返ってみて、正しいリーダーのあり方についてお話しいただければと思いますけど。

けれども。

牟田口廉也　まあ、それは「結果責任」だから、何を言われてもしかたがないんだ

日本は一九四五年の八月十五日に降伏《こうふく》はしたわけですけどね。それで、民間人も含《ふく》めて戦死者が三百万人近くあったとは言われてはいるけれども、ただ、まだ「無《む》傷《きず》の陸軍が百万人以上いた」んですよ、大陸にはね。百万から、もしかしたら二百万近くいたかもしれないけど、百万以上の陸軍がまだいたんですよ。これが温存されておりながらねえ、降伏したんですよ。だから、これについて、軍事的・戦略的な観点からの戦いには、やっぱり問題はあったんではないかと思うんですよ。

まあ、百万以上の陸軍が無傷で大陸に存在していた。これは百万から二百万ぐらいいたかと思うけれども、それで終戦工作で降伏したことにより、次はソ連に攻《せ》め込《こ》まれて、そして、シベリア抑留《よくりゅう》された。おそらく、五十万、六十万人ぐらいは抑留されているはずですね。抑留されて、十年間、強制労働をさせられてるはずです

よ。シベリアで木材を切ったり、土木工事をするのに五十万、六十万もの人が囚人《しゅうじん》として扱《あつか》われていたんですよね。

この兵員の使い方は、やっぱり〝無残《むざん》〟というか、〝むごい〟というか、何とも言えないですよ。この百万の陸軍を、もっと適正なところで使えたなら、もうちょっと優位な戦いはできた可能性はあるのに、これはいったい何だったんだ。例えば、本土防衛に全部就《つ》かせたら、もっと強かったかもしれない。

この全体の戦争指揮に対しては、やっぱり問題は多かったと思う。

全体的に、将官の質は明治に比べて低かった

牟田口廉也　ミッドウェー海戦以降の海軍での敗北戦は、納得《なっとく》できないものがどうしてもありましたね。

日本は実戦経験がある国で、アメリカは初めての戦いなんで。しかも、実は、アメリカのほうが地球を半周もしてアジアまで攻めに来ているわけで、補給がきつい

のは向こうのほうが本当はきついはずで。日本のほうが補給は向こうより楽なんでね。

補給戦のことを言われるけど、日本のほうが自分の近場の〝前庭《まえにわ》〟の戦いをやっていて、向こうのほうが地球の裏側から攻めて来ているので、あちらのほうが、ほんとは戦いを続けるのは厳しかったはずなので。

やっぱり、〝海戦における牟田口〟がいたというか、凡将《ぼんしょう》が日本（海軍）にもいたから。まあ、ミッドウェーとかでも空母を失い、〝虎《とら》の子の空母〟がまったくなくなったし。

戦艦大和《せんかんやまと》なんて、あんな大きなものをつくってですねえ、「不沈《ふちん》戦艦」と言われて、「世界最強」と言われたような、あんなものをつくって。国家予算をどのくらい使ったか分からないぐらいのもんですけれども、実績としては、航空機を十機か二十機か墜《お》としたぐらいしか実績がないんじゃないかと思う。敵の戦艦の一隻《せき》も沈《しず》

ミッドウェー海戦で爆撃機の攻撃を受けて炎上する空母飛《ひ》龍《りゅう》（1942年6月5日）。

めてないんで。この戦い方の無駄《むだ》さは、やっぱりあるから。

まあ、私も含めてだけれども、軍の最高の指揮官たちが、日清《にっしん》・日露《にちろ》のころに比べれば、やっぱり質的に落ちていたということは認めざるをえないですよ。

最低でも百万以上の陸軍がまだ無傷で大陸にいたのに、これを使い損《そこ》ねたということは、やっぱり知っといたほうがいいとは思うんです。例えば、サイパンに十万人の兵を置いていただけでも、そんな簡単にサイパンは取られなかっただろうと思いますよ。だから、考え方が何か……、すごく計算の小さいやつが、細《こま》かく細かく散りばめるようなことばっかり、一万人ずつぐらい島に撒《ま》いていくような感じでやってたけどね。

まあ、「戦い方については、もうちょっとあったんじゃないかなあ」という感じ

広島県の呉《くれ》海軍工廠《こうしょう》で製造中の戦艦大和（1941年９月20日）。

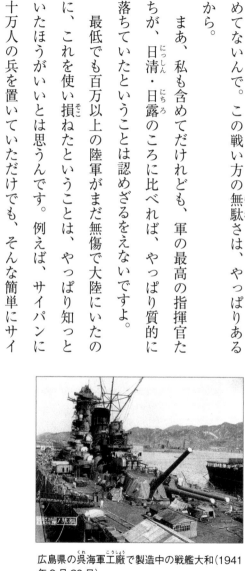

はするし。

「なんで戦艦長門《ながと》は真珠湾《しんじゅわん》に行かなかったんだ」という。広島湾にいたんですよ。山本五十六《やまもといそろく》は広島湾にいて、「真珠湾攻撃《こうげき》、奇襲《きしゅう》成功セリ」と、「トラトラトラ」っていう、あの暗号を受けてねえ、聞いてるけど（注。開戦時の連合艦隊旗艦《きかん》は長門。大和は一九四一年十二月十六日に竣工《しゅんこう》した）。

「戦艦長門は行け」ってんだよ。そして、現地に行って、これでは攻撃が足りないというのが分かれば、ハワイの、向こうの石油タンクがいっぱいあったようなところまで叩《たた》く……。

当時、空母飛龍《ひりゅう》の人（山口多聞《やまぐちたもん》少将）はそれを言ってたんだ。あの石油タンクを叩いとけば、少なくとも、アメリカ海軍は半年は動けなくなってたんだけど、怖《こわ》くて、初期攻撃をやって、すぐ逃《に》げて帰ってきてるか

真珠湾攻撃で炎上する戦艦カリフォルニア。

らね。

私みたいなのは無謀だと言われるけど、ああいうのは、逆に、もうちょっと強気で戦ってれば、アメリカ太平洋艦隊に対して、もっと壊滅《かいめつ》的な被害《ひがい》を与《あた》えることはできて、それを再構築するには、もっと時間がかかったはずであるんだけどね。そういう、何と言うか、官僚《かんりょう》体質のすごい卑怯《ひきょう》な感じで、責任を取らない。

だから、あなたは、「撤退《てったい》さえすれば責任にならない」みたいな言い方をするけど、撤退するよりも先に、「まず出ていかない」ということをやれば、戦わないで済むという「温存する」体制も、一方にはあったことは事実なんですよ。

レイテのときも、レイテ湾に突《つ》っ込んでいかなかったという。レイテ湾のなかに向こうの艦艇《かんてい》はいっぱいあったんで、あそこに突っ込んでいってたらね。撃沈されても構わないから、「東郷平八郎《とうごうへいはちろう》精神」で、戦艦大和・武蔵《むさし》で突っ込んでいって、なかで撃《う》って撃って撃ちまくって、敵艦船を撃滅するところまで撃って、自分も沈むつもりで行ったら、ものすごい被害があっちも出たはずなんですが。そういうこともしないで、すぐ逃げて帰るようなことをやったりしてるので（注。レイテ沖《おき》海戦で、栗田健男《くりたたけお》中将率いる主力艦隊が、レイテ湾突入《とつにゅう》を間近にして、突如《とつじょ》Uターンしたことを指す）。

海軍はそういう感じで、何か戦い方が不十分で、卑怯な部分がそうとうあったと思うけれども。

まあ、陸軍でも、大きな軍隊を温存しておって、無駄な使い方をしていたような感じはするがね。

いずれにしても、全体的に将官の質は、私も含めてだけれども、低かったのかなと。やっぱり、明治維新《いしん》を戦い抜《ぬ》いた人が生きていたときは、武士《もののふ》の精神がもうちょっと生きていたのかなあ。そういう「勘《かん》」がね、落ちてたんじゃないかなあっていう気はする。

酒井　なるほど。

6　牟田口司令官は死後、どのような世界に還《かえ》っているのか
「残念ながらねえ、地獄《じごく》に堕《お》ちてないんですよ」

酒井　そろそろ、ちょっと霊的《れいてき》なお話についてお訊《き》きしたいんですけれども。

牟田口廉也　うん。

酒井　ご自分がお亡《な》くなりになったことはご存じですよね。

牟田口廉也　ああ、知ってますよ。そらあ、分かってますよ。すみませんが、私は七十七歳《さい》まで生きてしまって。みんな、何万人も死んだのに、七十七歳、一九六六

年まで生きて、東京オリンピックが終わってから死んどりますので。戦後、日本の発展を、ある程度見た上で死んどります。申し訳ないねえ。牛と共に川で流れるべきであったのかもしれないけども。

酒井　今、霊界《れいかい》ではどのような方とご一緒《いっしょ》ですか。

牟田口廉也　残念ながらねえ、「地獄《じごく》に堕《お》ちてない」んですよ。NHKさんによれば、私は地獄の底で、閻魔《えんま》大王に、毎日、金棒《かなぼう》で殴《なぐ》られていなきゃいけない。鉄棒で殴られていなきゃいけない。粉々にされて、毎日、頭をグチュグチュにされなきゃ、たぶん、いけないと思うが。残念ながら、地獄に堕ちてないんですよ。申し訳ないですなあ。

酒井　はい。

牟田口廉也　これだけの敗戦をして、まことに申し訳ないと思いつつも、日清《にっしん》・日《にち》露《ろ》の英雄《えいゆう》たちと、だいたい似たような世界にいるんですわ。

酒井　ああ、そうですか。よくお話しされる近しい軍人の方などはいらっしゃいますか。

牟田口廉也　だから、言っていいのか悪いのか知らんが、でも、あなたがたが知ってるような将軍、提督《ていとく》たちとは話をしていますよ。

酒井　東郷平八郎《とうごうへいはちろう》さんなどもいますか。

牟田口廉也　いやあ、「出す」とまずいんでしょう?　このへん。

酒井　（苦笑）

牟田口廉也　だけど、まあ、話はできますよ。

酒井　なるほど。そうすると、やはり、日本での転生《てんしょう》が多いのでしょうか。

牟田口廉也　うん、中心軸《じく》はそうだね。日本だねえ。

過去世《かこぜ》において、戦国時代に果たしていた役割とは

酒井　どのような時代に生まれていましたでしょうか。

牟田口廉也　ああ、過去世《かこぜ》のことを言ってるの？

酒井　はい。

牟田口廉也　ああ、そんなことも訊くのかあ。ここは、それが好きなんだねえ。うーん、好きなんだねえ。

酒井　どういう考えの筋《すじ》の方かというのは、分かりますので……。

牟田口廉也　うーん。（約十秒間の沈黙《ちんもく》）軍神《ぐんしん》と言えば、やっぱり、「軍神」に入るのかなあ。

酒井　「軍神」ですか。

牟田口廉也　まあ、武将みたいなのが多いかなあ。だから、戦国時代にもいたし、白村江《はくすきのえ》の戦いみたいな、朝鮮《ちょうせん》戦争にもいたし、もっと前の古代にもいたわな。

酒井　戦国時代のお名前を教えていただけますか。

牟田口廉也　戦国時代かあ。うーん。（約十秒間の沈黙）ええ……。（約十秒間の沈黙）今川義元《いまがわよしもと》の軍のなかにいたかな。

酒井　そこで、今川家と最後まで一緒にいたということですか。

牟田口廉也　そういうわけでもなくて、あとは、織田《おだ》軍に呑《の》み込《こ》まれてるところもあるので。まあ、私は死んでないから。

●今川義元（1519～1560）　戦国時代の武将。駿河《するが》・遠江《とおとうみ》（静岡県）、三河（愛知県）を治め、今川家の最盛期を築き、「海道一の弓取り」と称された。しかし、1560年、京都へ進出する途中、織田信長の奇襲を受け、桶狭間《おけはざま》で敗死。

酒井　ほう。

牟田口廉也　織田との戦いでは死んでないので。まあ、織田軍にあとで吸収されたかもしれないですねえ。

酒井　そのときは、どういう役割だったのでしょうか。やはり、前線を仕切った感じなんですか。

牟田口廉也　うーん。（約五秒間の沈黙）そのときは、城を一つ護《まも》ってたとは思うんだけどね、確かかね。

酒井　では、徳川家康《とくがわいえやす》とも関係があったのですか。

牟田口廉也　家康ですか。

酒井　はい。

牟田口廉也　まあ、家康は、私から見れば、やや〝後輩《こうはい》〟に当たるのかなあ。

酒井　なるほど。

牟田口廉也　まあ、そんなに家康が強いとは思ってなかったね、まだね。ほとんど人質《ひとじち》みたいなもんでしたから。

酒井　そのときは、ですね。

牟田口廉也　ああ。家康の下につくというよりは、家康を見張るほうの側だったかなあ。

酒井　なるほど。

「白村江《はくすきのえ》の戦い」でも問題だった「補給」

酒井　●「白村江《はくすきのえ》の戦い」では、どういう役割を担《にな》われていたのでしょうか。

牟田口廉也　いや、攻《せ》め込んだよ。攻め込んで、百済《くだら》を護るために戦いをやりましたけどねえ。まあ、これも同じ問題かもしらんが、補給が行かなくて。要するに、当時は船があんまりよくないんで、行っても沈《しず》むものも多くて、なかなか日本からの補給がつかない。「現地だけで」っていうことになると、戦《いくさ》が長引いてくれば、やっぱり厳しくてねえ。

●白村江の戦い　663年に朝鮮半島の白村江で行われた、日本・百済連合軍と唐・新羅《しらぎ》連合軍との戦い。日本は、唐・新羅軍に侵略された百済救援のために軍を進めたが敗れ、百済は滅亡した。

だから、申し訳なくも、●中大兄皇子《なかのおおえのおうじ》の天皇即位《そくい》を、二十年〝遅《おく》らせた〟かもしれない（笑）。アハハハハ（笑）。敗戦により遅らせてしまったかもしらんなあ。

酒井　なるほど。

「日本の軍神《ぐんしん》の始まりである須佐之男命《すさのおのみこと》の霊流《れいりゅう》を引いている」

酒井　あと、もし、お名前が遺《のこ》っている方がいらっしゃいましたら、教えてください。

牟田口廉也　●神功《じんぐう》皇后の時代にも、もう一回やってるなあ。このときも、（朝鮮半島に）行って、ちょっと、戦もしたんだけど。そういうふうに、朝鮮半島と日本とは、長年、やり合ってきてはいるんで。

●**中大兄皇子**（626～671）　後《のち》の天智《てんじ》天皇（在位668～671）。藤原鎌足《ふじわらのかまたり》の協力で蘇我《そが》氏を滅ぼし、皇太子として大化の改新を断行。天皇に即位後も改革を進め、律令国家の礎を築いた。（上：東京造画館『古今偉傑全身肖像』）

名前として出せるほどのものは、まあ、よっぽど詳《くわ》しい日本史家でないかぎりは、そう簡単には分かってはもらえないかとは思うんだよなあ。

でも、うーん。そうねえ……、大和朝廷《やまとちょうてい》が成立するところも、いたことはいたので。

どっちかというと、九州のほうの軍勢ではなくて、葛城《かつらぎ》一族というか、まあ、生駒山《いこまさん》系を中心に存在した豪族《ごうぞく》のなかの一人ではあるんですけどね。つまり、「奈良《なら》防衛戦」をやってたほうだから、これは、負けたほうにはなるけど。

酒井　そうですね。

●**神功皇后**(3～4世紀頃)　日本の第14代天皇・仲哀《ちゅうあい》天皇妃で、応神《おうじん》天皇の母。神託に従って身重の体で朝鮮半島に進出し、新羅を征服、百済と高句麗《こうくり》もこれに従った(三韓征伐)。帰国後、応神天皇を出産。69年間摂政を務め、100歳まで生きたとも伝えられている。(上:三韓征伐に向かう神功皇后、月岡芳年《つきおかよしとし》画「日本史略図会 第十五代神功皇后」)

牟田口廉也　まあ、別に、「九州だけが神で、奈良が神でなかった」というわけではないから。これは勢力戦なので。

酒井　いずれにしても、あなたは、日本神道《しんとう》系のなかで、「武」を司《つかさど》る神々の一柱《いっちゅう》だったということですね。

牟田口廉也　うん。霊流《れいりゅう》としては、「●須佐之男命《すさのおのみこと》の霊流」を引く、その〝子分〟系ということにはなりますね。位置づければね。

酒井　なるほど。

牟田口廉也　日本では、須佐之男命が軍神《ぐんしん》の始まりみたいなもんだから。まあ、勝ったり負けたりするのよ。

●須佐之男命　日本神話に登場する神。天照大神の弟。非常に荒々しい性格の武人で、九州の各国や中国地方へ攻め上った。出雲の国に出征した際には、八岐《やまたの》大蛇《おろち》を退治し、その尾から得た天叢雲剣《あめのむらくものつるぎ》を天照大神に献じたとされている。『黄金の法』（幸福の科学出版刊）参照。

7　覇権《はけん》戦争における善悪をどう見るか

強国は必ず覇権を目指して拡大し、絶対、ぶつかる

大川直樹　牟田口中将《ちゅうじょう》が、そういった軍神《ぐんしん》の魂《たましい》であられることも関係しているとは思うのですが、やはり、今、天国に還《かえ》られているということには、理由が……。

牟田口廉也　悪かったねえ。

大川直樹　いえいえ。

牟田口廉也　いや、地獄《じごく》で苦しむべきだと思うけど、まあ、戦後、二十年以上生き

ていたので、十分、いろんなことを考えたり、反省すべきところはしたけども。

ただ、日本の復興を見て、あと、世界のその後の動きを見て、「(大東亜《だいとうあ》戦争は)完全に間違《まちが》っていたわけじゃなかったんじゃないかなあ」っていう気はあったし、「日本が世界第二位になってこようとして、アメリカとの、トップを目指しての覇《は》権《けん》戦争だったんじゃないかなあ」っていう感じは持ってるんですよ。

今の、ＮＨＫだか、朝日新聞だか知らんけども、そんなところも、「日本が先に悪いことをした」って、一生懸命《いっしょうけんめい》ペコペコ謝《あやま》って、「反戦・平和」を言ってる。頭の上をミサイルが飛ぼうとしてる時代にも、「反戦・平和」ばっかり言って、「憲法九条を守れ」って言ってるのには、やっぱり、間違いはあるんじゃないかなあと思いますね。

中国 対 アメリカだって、まあ、どっちが悪いとも言えないんだけど。中国が、これから大きくなってきて、覇権戦争の様相を呈《てい》してくるとは思いますよ。いずれねえ、ナンバーワンを目指すものとは、絶対、ぶつかるんですよ。今、覇権を持ってるというところとは、必ずぶつかるんで。

これで勝てば、覇権国家の栄華《えいが》はもうちょっと続くけど、負ければ、滅《ほろ》びに至ってくるようになる。これは、歴史を見れば、確実に起きるんですよ。ある国の人口が急に増えて、経済力が増えて、軍事力を増してきたら、必ず、既得《きとく》権を持ってるところとはぶつかるので。

これは、古くは、「アテネ 対 スパルタの戦い」もあったし、「ギリシャ 対 ペルシャの戦い」もあったけど、「どっちがいいか、悪いか」といったって、急に強国になって出てくるんですよ。強国は必ず覇権を目指して拡大してくるんです。だから、絶対、ぶつかる。

そして、どっちが勝つか、負けるかによって、まあ、負けるほうは悲劇ではあるけれども、それで歴史の流れが変わる。

これは「神様の大きな仕組み」なんです。

実際には、地上の人は悲惨《ひさん》だけども、神様から言えば、「チェス」でもやってるようなつもりでやってて。勝ったり負けたりするのを、「ああ、こっちが勝ったか」とか、「こっちが負けたか。ここを強くしたらどうなるかな?」とかいうような感じで、いろんな手を何回もやってみて、歴史にそういう証拠《しょうこ》を遺《のこ》している感じには見えるので。

「起死回生《きしかいせい》の策」でハンニバルに勝ったスキピオ

牟田口廉也　過去のよその対戦としては、例えば、「カルタゴ 対 ローマの戦い」っていうのだってあるよね。ハンニバルは、もう一息でローマを落とせるっていうところまで迫《せま》っていて、イタリア半島をほぼ制圧して、ローマを落とせる寸前まで来ていたのに、スキピオっていうのが、まあ、私も何度も言うけど、「起死回生《きしかいせい》の策」を打って。

スキピオの胸像（カピトリーノ美術館所蔵）。

ローマとカルタゴの勢力図（第二次ポエニ戦役当時）

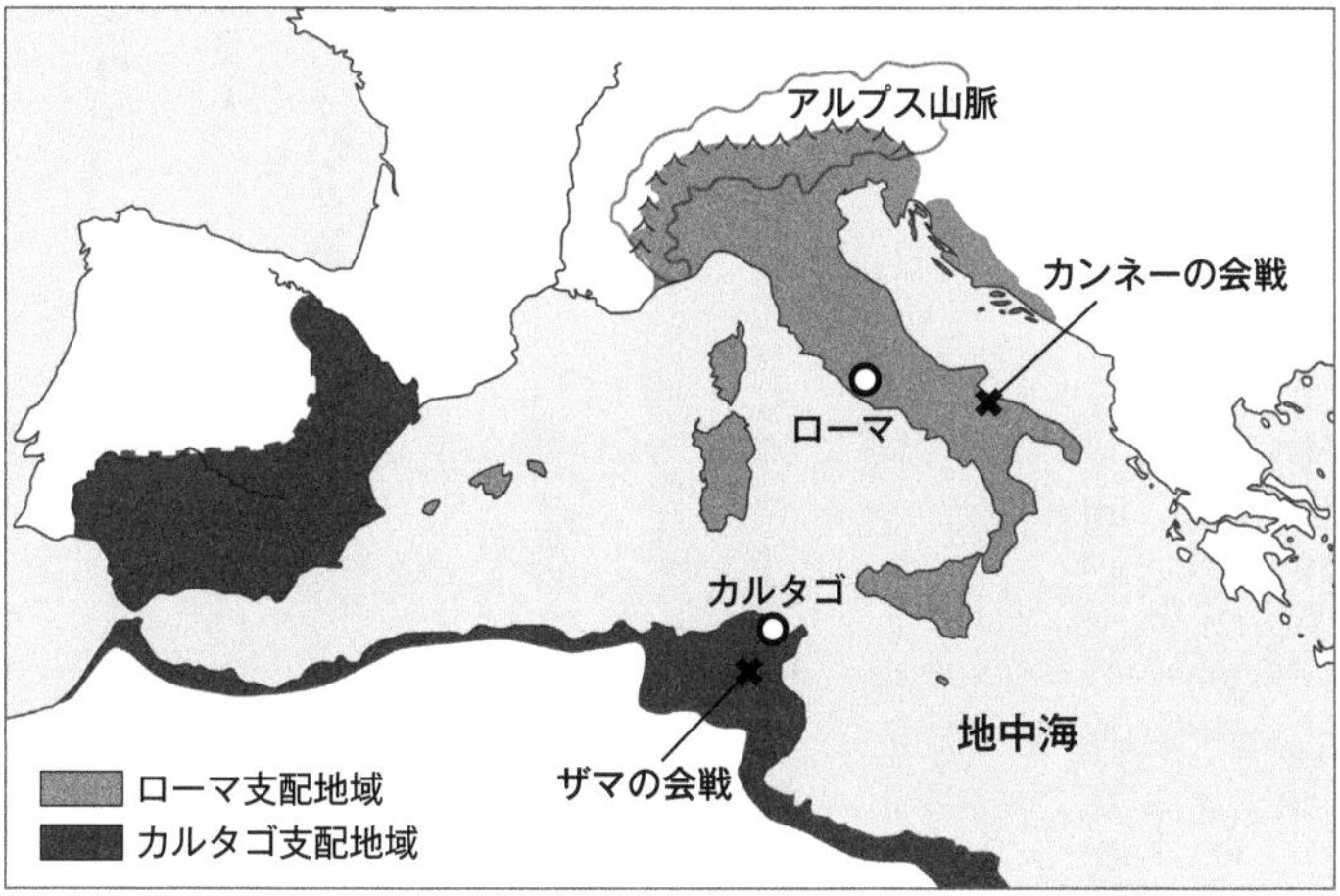

それまで、イタリア半島で山越《やまご》えをしてきたハンニバルに勝てないんですから。（ハンニバルは）イタリアでの現地調達で、現地の反ローマの人たちを寝返《ねがえ》らせて、軍隊に組み入れて、食糧《しょくりょう》も組み入れた。

要するに、ローマの人たちは、自分たちが〝貴族階級〟で、あとの人たちは〝奴隷《どれい》〟にして、すごい搾取《さくしゅ》しまくってたから、反感を持ってる人はいっぱいいたので、ハンニバルは政治家でもあったから、これを全部寝返らせて、自分のほうに組み入れていって、長期

●**スキピオ**（前236～前184）　古代ローマの将軍。ザマの会戦でハンニバル率いるカルタゴ軍を破り、第二次ポエニ戦争を終結させ、「大アフリカヌス」と称された。

戦に入ってきて。

ところが、「ローマはこのままだと、もう落ちる寸前」というときに、スキピオが出てきた。ハンニバルを実に尊敬して、私淑《ししゅく》してるっていうか、実際には教わっていないけども、ハンニバルの戦法を徹底《てってい》的に研究した人が、船で、ハンニバルがいないカルタゴを直撃《ちょくげき》するっていう。つまり、留守《るす》の間に本拠《ほんきょ》を攻《せ》めたわけだ。まあ、これも兵法の一つではあるんだけど。本拠を攻められたら、たいてい、みんな兵を退《ひ》いて、護《まも》りに帰りますからね。

そういうことで、もうちょっとでローマが壊滅《かいめつ》寸前のときに、本拠を攻められて、ローマ支配、ローマ帝国《ていこく》を打ち砕《くだ》くというハンニバルの野望は、潰《つい》えてしまったわけですね。

そして、最後はもう一回、アフリカ大陸で、ハンニバル 対 スキピオの師弟《してい》対決があるわけだけど（ザマの会戦）。

それより昔、ハンニバルがローマ軍と戦った、有名な「カンネーの会戦」っていうのがあって。これも歴史に遺る戦いで、まあ、東郷平八郎《とうごうへいはちろう》がバルチック艦隊《かんたい》を破ったのと比肩《ひけん》されるような大きな戦いですけども。自分より大きな敵を包囲殲滅《せんめつ》戦で破るっていう、驚《おどろ》くべき戦い方をやっています。私、正確な数字は知らんけど、三万かそこらの軍勢で、八万か十万かぐらいのローマ軍を殲滅してしまうっていう、恐《おそ》るべき戦い方ですね。

向こう（ローマ軍）が集団でガーッと来ているのを、（カルタゴ軍は）頭を尖《とが》らせたような感じで攻めていきながら、ローマ軍を包み込《こ》むようにガーッと周りを包囲して。まあ、ローマの戦い方は、「前」に対してだけ強い戦い方で、「横」とか「後ろ」からの戦いには極《きわ》めて弱いから、四方八方から攻めて包囲殲滅戦にし、挟《はさ》み将棋《しょうぎ》みたいに、あっという間に壊滅させてしまうっていう戦い方であって。

「カンネーの戦い」に勝利したハンニバル（ハインリヒ・ロイテマン画／ 19 世紀）。

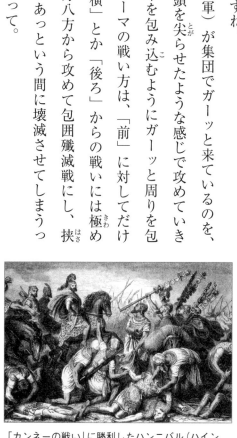

これが、「カンネーの会戦」っていうので、歴史的には、絶対、戦術書で学ばなきゃいけないものですけども。

そして、これと〝同じ戦い方〟で、スキピオがハンニバルに勝ってしまうんですよ、アフリカの戦いでね（ザマの会戦）。師弟の決戦で、逆に破って、ハンニバルは逃亡《とうぼう》するっていうのがありましたけど。

もし、スキピオ一人がいなかったら、ローマは敗れていたはずなんです。ローマは落とされて、ローマ千年の歴史もなく、カルタゴの繁栄《はんえい》が地中海を覆《おお》っていたことになったわけで。歴史を変えたのは、「ほんの一人の戦い」なんですよ。

インパール作戦で勝ち、「インド独立」を果たすことで、大逆転を狙《ねら》った

牟田口廉也　だから、壊滅寸前だったローマみたいに、東京が攻められてるっていう寸前のところで、どっかで、敵が総崩《そうくず》れになるような。それこそ、あなたの言うマスコミの力も使って、例えば、イギリス軍が総崩れになって、そして、インドの

独立軍がバーッと立ち上がって、「一九四四年、インド独立運動」となった場合ね。これは、いわゆる戦後史観のような、ファシズムみたいな、「ドイツが周りを攻めて取っただけ」といった感じに言われるような戦いではなくて、「大東亜戦争は義戦であった。義のある戦いであった」ということになる。これが報道されれば、あっという間に、向こうのロジックが崩れてくる戦いではあったので。

まあ、私もそういうものを目指したが、「軍神としての力がそこまでは行かなかった」ということでしょうね。

まあ、あとからいろいろ言うのは勝手ですけれども、普通《ふつう》で言えば勝てないものに勝たないと、やっぱり、「歴史の逆転」は起きないんで。

それに、戦力だけを見れば、最初から、アメリカと戦うこと自体が無謀《むぼう》であることは、山本五十六《やまもといそろく》が認めていることなんで。「勝てるわけがない戦いだから」って言ってたんですけどね。

ただ、まあ、そうは言うけど、フィリピンを解放したときだって、マレーシア、シンガポールを陥落《かんらく》させたときだって、ビルマを落としたときだって、アジアの人たち、地元の人たちは大歓迎《だいかんげい》してくれたんですよ。日本軍が来て、〝救世主が来た〟みたいな感じで喜んでくれてたんで。

それを、（日本が）敗戦したっていうことで、全部無駄《むだ》にして、「日本人は鬼《おに》」みたいな、韓国《かんこく》や北朝鮮《きたちょうせん》や中国が言ってるような言い方を全部に広がらせようとしてるけど。韓国、北朝鮮、中国以外の国がみんな、いまだにそこまで日本を悪く言わないのは、やっぱり、「欧米《おうべい》と戦った」っていう意味で、そこに偉大《いだい》なところはあるし、戦後、（アジアの国々が）独立できたのは事実なので。そのへんについて、明確には言いにくいけども、日本に対して尊敬の念を持ってるからね。

そのへんは、アラブの人たちも持ってると思いますよ、日本に対して。

それこそ、「東郷ビール」なんていうのがつくられて、トルコなんかで大いに飲んだみたいな話もあるが。ロシアには、さんざん痛い目に遭《あ》ってるからねえ。（日《にち》露《ろ》戦争で）ロシアをやっつけてくれるなんて、もう、ほんとに、うれしくてうれしくてしょうがないことで。ロシアの侵略《しんりゃく》には、みんな、ほとほと手を焼いていましたからね。

そういうこともあるので、歴史の善悪は、そんなに簡単には片付けないでくれ、と。

8 神々の正義はどちらにあったのか

「インパール作戦は、天皇が裁可《さいか》していた」

牟田口廉也　インパール作戦そのものは局地戦の問題であるから、それは、敗北としてはしかたがないし、数万死んだかもしらんけども、百万を超《こ》える皇軍が、まだ存在していたので。これをいじる力は、私には権限がなかったから、どうすることもできなかったですけれども。

特に、先の大戦……、まあ、これは言ってはいけないことだとは思うんだけども。戦後の憲法下では、天皇陛下《へいか》っていうのは、もう象徴《しょうちょう》になって、実権を全然、持ってないようになってますけど、もし、戦前も、天皇陛下に実権がない状態であったなら……。

まあ、米軍とかは、実権がなかったことにして、天皇陛下の処刑《しょけい》を見逃《みのが》したことになってるけど、実際は実権を持ってたんで、口を出す。要するに、天皇陛下に全部、いろいろ軍事報告をしなきゃいけなかったために、大本営《だいほんえい》もそんなに悪い報告をできなかったところもあるんだけども。もし、天皇陛下が、まあ、昭和天皇だけど、軍事にいちいち口を出さなければ、これだけひどい敗戦にはならなかった可能性もあるんだが、いちいち口を出されたんですよ、本当は。

だから、「最後、終戦の詔《みことのり》をやって、終戦を早めた」という功績により、戦後、象徴天皇制で残ったように言われているけども、当時は、「元首」ですから。元首が「軍人の最高責任者」であったわけで、天皇の決定で、ほとんど動いていたんです。

まあ、誰《だれ》の責任かっていうことは言えないことになってるけど、はっきり言えば、インパール作戦だって、これは天皇の判断ですよ。天皇がこれを裁可《さいか》してますよ、ちゃんと。天皇が「やるべきだ」と、ちゃんとこれを裁可してるので、それで戦った。

アジアでの戦いはずーっと勝ってたから。少なくとも陸軍の戦いでは勝ってましたから、「まだ行けるんじゃないか」っていう気持ちはあったと思いますよ。

ただ、天皇が軍事的才能を持っていなかったっていうことは、非常に悲惨《ひさん》なことだったと思いますね。もし、軍事的才能がある人が天皇にいたとしたら、違《ちが》った展開になったか……。まあ、少なくとも、昭和帝《てい》でなくて、そこにいたのが明治帝だったら、戦い方は違っていた。

例えば、「山本《やまもと》、それは卑怯《ひきょう》ではないか！」とか、「どうして、そこで突《つ》っ込《こ》まないか！」とか言うような人であったら、勝てたものもあったかもしれない。負け戦《いくさ》のところを、天皇が「やれ」と言ったものもいっぱいある。こんなの全部、われわれが責任を取ってるところなんで。

まあ、ここまで明らかにはしたくはないけどね。「天皇は全部、知っていた」ということです。

酒井　そうなんですか。

牟田口廉也　天皇が裁可されたことを、私たちは反対できないんで。参謀《さんぼう》が、「実戦の戦いとしては、これは勝てない」、「補給がつかないから勝てない」と言ったって、天皇が「やれ」とおっしゃってるんだから、何としても、「コヒマを攻撃《こうげき》して陥落《かんらく》させなきゃいけない」って。もう、これは使命としてやったし。

米英は「国際法違反《いはん》」で日本に勝った

牟田口廉也　私も、信仰心《しんこうしん》のある人間なので、日本神道《しんとう》の八紘一宇《はっこういちう》の精神を実践《じっせん》するために戦い続けていたんです。私たちは、命を惜《お》しんだり、死を怖《こわ》がったりしてはいなかったし、「この世で死しても、精神が生き残ればいい」とは思っていたんで。

今、唯物論《ゆいぶつろん》的に、死体だとか白骨だとか、そんなようなのを一生懸命《いっしょうけんめい》映して、反戦運動をやってるかもしれないけども。そのなかには、正しいものもあるとは思うが、間違ったものもある。

それに、アメリカ人が人命を大事にしたっていうのは、自分たちのほうの兵員を失うことを恐《おそ》れてたっていうことは言えるかもしれないけれども、敵国の人を殺すのに対しては何の躊躇《ちゅうちょ》もしていないこと、特に、民間人を殺すことに対してまったく躊躇しなかったことも、記録されるべきだと思う。

われわれは、広島、長崎《ながさき》を原爆《げんばく》で〝皆殺《みなごろ》し〟にするような、そんなことをアメリカやヨーロッパに対しては、とてもできません。民間人に対してはやらなかったし。アメリカ人は、補給船とか、そういう民生用のものでも、どんどん沈《しず》めていきました。われわれが考えつかなかったことです。その意味では優《すぐ》れていたのかもしれないけれども、やっぱり、〝鬼《おに》、悪魔《あくま》のような考え〟ではあったんでないかと思いますがね。

大川直樹　それは、国際法違反《いはん》でもありました。

牟田口廉也　そうです。国際法違反で勝ったんだから。「民間船を沈没《ちんぼつ》させてはいけない」っていうルールを守っていたら、南の島の人たちだって餓死《がし》しないで済んだところは、そうとうありましたからね。

「インドで反乱が起きれば、ちょっと国際世論《せろん》が変わる可能性があった」っていうところ、ここが私の〝起死回生《きしかいせい》の作戦〟だったんで。しかし、力足らず……。

もともと一パーセントぐらいしか勝つ可能性はなかった作戦なのかもしれないけども、歴史上、起きていないことはないので、まあ、それにすがって。一生懸命、天照大神《あまてらすおおみかみ》に祈願《きがん》しておったんだが、何だか知らないけど、五十年に一度の豪雨《ごうう》が降って、こちらにとっては不利な状況《じょうきょう》になっちゃったんで、きっと、敵側にも強い神様がついていたんでしょうねえ。

酒井　分かりました。

本日は、先の戦争を振《ふ》り返る上で、本当に貴重な……。

牟田口廉也　いや、すみません。反省してないように見えて、まことに申し訳ない。戦死者三万人の家族とかは、「牟田口は地獄《じごく》の大魔王のはずなんだから、これは絶対おかしい」って怒《おこ》るかもしれないけど、少なくとも天上界《てんじょうかい》には上がっておりますので。死んで（地獄に）堕《お》ちていないので。

だから、私の考え方は、まあ、あとから批判はいくらでもあろうけれども、少なくとも地獄に堕ちていないところを見れば、日本の戦いのなかには、やっぱり、「神々の正義はあった」ということを、私は言いたい。

酒井　はい。本日は、まことにありがとうございました。

牟田口廉也　はい。

9　マクロな面からのリサーチとなった今回の霊言《れいげん》

大川隆法　（手を二回叩《たた》く）意外でしたね。あれだけの兵士が死んでいるので、恨《うら》みを買って苦しんでいるかと思ったのですけれども、まったく苦しんでいる様相はありませんでした。

牟田口司令官は大勢の兵士を死なせたわけですが、苦しんでいる様相はなく、「天上界《てんじょうかい》に還《かえ》った」ということであるならば、「この作戦自体に関して、天上界の期待もあった」ということは事実でしょう。

やはり、私が述べているように、フェアに見れば、大東亜《だいとうあ》戦争は「日米の覇権《はけん》戦争」の面があったのではないかと思います。やはり、アメリカが地球の裏側まで来て、フィリピンを取らなければいけない理由は、特になかったのではないでしょうか。

また、中国の満州《まんしゅう》には日本が進出していましたが、日本が行かなければ、アメリカが満州を取っていたのは、ほぼ確実です。鉄道が入ろうとしていたので、アメリカの植民地になっていたでしょう。

このあたりについては、〝虚々実々《きょきょじつじつ》〟で難しいものはあったと思います。今回は、特にどちらかの考えに味方しようとして行《おこな》ったわけではありません。ニュートラルに意見を聞きましたが、彼は理路整然としていて、何も迷いがないように思えました。

さすがに、東條英機《とうじょうひでき》は責任を背負っていましたが（『公開霊言《れいげん》 東條英機、「大東亜戦争の真実」を語る』〔幸福実現党刊〕参照）、牟田口司令官は、「インパール作戦は昭和天皇の裁可《さいか》を得ていた」と言っていたので、退却《たいきゃく》ができなかったということです。「そうするぐらいならば、死ね」ということでしょう。

ビルマにいた牟田口司令官も、最後は実際に前線に出ています。天皇の御《ご》方針に逆《さか》らうぐらいならば、潔《いさぎよ》く死ぬつもりだったのかもしれません。

撤退《てったい》した兵士たちのうち、足手まといになる患者《かんじゃ》には、最後の乾《かん》パン一食分を与《あた》えて、手榴弾《しゅりゅうだん》で自決させたらしいので、気の毒だとは思いますが、「マクロとミクロの両方の目は必要」なのではないでしょうか。

いずれにせよ、今回のものについては、別のかたちでの霊的なリサーチとして、やっておくべきものだったかと思います。以前の霊査《れいさ》では、ペリリュー島や硫黄島《いおうじま》で戦った人たちも意外に「英雄《えいゆう》」であったことが判明しましたが（『パラオ諸島ペリリュー島守備隊長　中川州男大佐《なかがわくにおたいさ》の霊言』『硫黄島《とう》　栗林忠道中将《くりばやしただみちちゅうじょう》の霊言　日本人への伝言』〔共に幸福の科学出版刊〕参照）、今回もそうだったわけです。少なくとも、「日本霊界《れいかい》では英雄として扱《あつか》われている」ということでした。

そういう意味では、「原爆《げんばく》を落としたほうがどうなっているのか」を、もう一回、調べ直したい気持ちもあります。

（アメリカと北朝鮮《きたちょうせん》の）戦争が近づいていて、今の情勢からすれば、「開戦の可能性が九十パーセントぐらいはある」でしょう。

先の戦争から七十二年がたちますが、軍事的なものについて、まだ引きずっているものがあるならば、もう一度、冷静に分析《ぶんせき》する必要はあるのではないかと思います。

これは幸福の科学の霊査ですが、私たちは決して民族主義的な〝右翼《うよく》〟ではありません。非常に客観的に見ているつもりではあるので、「白人優位主義が終わりを迎《むか》えるための戦いだった」ということは、いちおう知っておいたほうがよいでしょう。

質問者一同　ありがとうございました。

あとがき

戦後の旧ソ連とアメリカとの冷戦。さらに共産主義大国・中国との迫りくる覇権《はけん》戦争。現在ただ今の北朝鮮核ミサイル危機。

これらは、はたして、旧日本軍をナチスばりの狂気の暴走軍隊ととらえ、米軍の核爆弾の広島・長崎投下の合理化や、旧ソ連の六十万人もの日本人をシベリアで強制労働させた事実を、「正義」とみなす歴史観で説明できるのだろうか。

旧日本軍のアジア侵攻《しんこう》は、悪魔の所業《しょぎょう》で、欧米五百年の有色人種植民地化戦争は、神の心だったのだろうか。

何百万人ものアフリカ人が、奴隷《どれい》として北米に売られた歴史は、日韓が対等併合されたことより、はるかに神様の喜ばれたことなのか。

今、地球規模での正しい歴史観が問い直されている。

そして、日本も、今のままの「半主権国家」でよいのか。新しい自覚の時は、「今」なのではないのか。

二〇一七年　八月二十五日

幸福《こうふく》の科学《かがく》グループ創始者兼総裁《そうししゃけんそうさい》　大川隆法《おおかわりゅうほう》

『インパール作戦の真実　牟田口廉也司令官の霊言』大川隆法著作関連書籍

『されど、大東亜戦争の真実　インド・パール判事の霊言』（幸福の科学出版刊）

『南京大虐殺と従軍慰安婦は本当か
――南京攻略の司令官・松井石根大将の霊言――』（同右）

『パラオ諸島ペリリュー島守備隊長　中川州男大佐の霊言』（同右）

『硫黄島　栗林忠道中将の霊言　日本人への伝言』（同右）

『公開霊言　東條英機、「大東亜戦争の真実」を語る』（幸福実現党刊）

インパール作戦《さくせん》の真実《しんじつ》
牟《む》田《た》口廉《ぐちれん》也《や》司《し》令官《れいかん》の霊言《れいげん》

2017年9月1日　初版第1刷

著　者　　大《おお》川《かわ》隆《りゅう》法《ほう》

発行所　　幸福の科学出版株式会社

〒107-0052 東京都港区赤坂2丁目10番14号
TEL(03)5573-7700
http://www.irhpress.co.jp/

印刷・製本　株式会社 堀内印刷所

ISBN978-4-86395-936-1 C0031
カバー写真：共同通信社／読売新聞／アフロ
写真：© 国土画像情報／近現代 PL／アフロ／ AP／アフロ／ TopFoto／アフロ
朝日新聞社／時事通信フォト／ shakko ／読売新聞／アフロ／毎日新聞社／アフロ

大川隆法霊言シリーズ・正しい歴史認識を求めて

公開霊言 東條英機、「大東亜戦争の真実」を語る

戦争責任、靖国参拝、憲法改正……。他国からの不当な内政干渉にモノ言えぬ日本。正しい歴史認識を求めて、東條英機が先の大戦の真相を語る。【幸福実現党刊】

1,400円

南京大虐殺と従軍慰安婦は本当か

南京攻略の司令官・松井石《いわ》根《ね》大将の霊言

自己卑下を続ける戦後日本人よ、武士道精神を忘れるなかれ! 南京攻略の司令官・松井大将自らが語る真実の歴史と、日本人へのメッセージ。

1,400円

保守の正義とは何か

公開霊言
天御中主神・昭和天皇・東郷平八郎

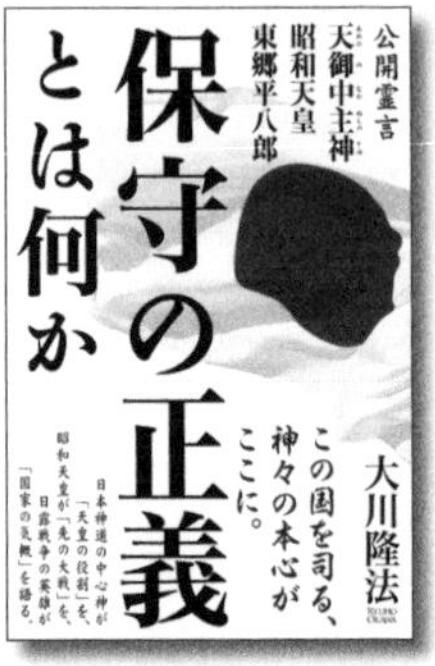

日本神道の中心神が「天皇の役割」を、昭和天皇が「先の大戦」を、日露戦争の英雄が「国家の気概」を語る。

1,200 円

※表示価格は本体価格(税別)です。

されど、大東亜戦争の真実 インド・パール判事の霊言

自虐史観の根源にある「東京裁判」の真相は何だったのか。戦後70年、戦勝国体制の欺瞞を暴き、日本が国家の気概を取り戻すための新証言。

1,400円

マッカーサー 戦後65年目の証言

マッカーサー・吉田茂・山本五十六・鳩山一郎の霊言

GHQ最高司令官・マッカーサーの霊によって、占領政策の真なる目的が明かされる。日本の大物政治家、連合艦隊司令長官の霊言も収録。

1,200円

原爆投下は人類への罪か？

公開霊言 トルーマン＆F・ルーズベルトの新証言

なぜ、終戦間際に、アメリカは日本に２度も原爆を落としたのか？「憲法改正」を語る上で避けては通れない難題に「公開霊言」が挑む。【幸福実現党刊】

1,400円

大川隆法霊言シリーズ・先の大戦の意義を明かす

硫黄島 栗林忠道中将の霊言 日本人への伝言

アメリカが最も怖れ、最も尊敬した日本陸軍の名将が、先の大戦の意義と教訓、そして現代の国防戦略を語る。日本の戦後にけじめをつける一冊。

1,400円

パラオ諸島ペリリュー島守備隊長 中川州《くに》男《お》大佐の霊言

隠された〝日米最強決戦〟の真実

アメリカは、なぜ「本土決戦」を思いとどまったのか。戦後70年の節目に、祖国とアジアの防衛に命をかけた誇り高き日本軍の実像が明かされる。

1,400円

沖縄戦の司令官・牛島満中将の霊言

戦後七十年 壮絶なる戦いの真実

沖縄は決して見捨てられたのではない。沖縄防衛に命を捧げた牛島中将の「無念」と「信念」のメッセージ。沖縄戦の意義が明かされた歴史的一書。

1,400円

※表示価格は本体価格(税別)です。

大川隆法霊言シリーズ・保守言論人の霊言

戦後保守言論界のリーダー
清水幾太郎の新霊言

核開発を進める北朝鮮、覇権拡大を目《もく》論《ろ》む中国、弱体化するトランプ政権――。国家存亡の危機に瀕する日本が取るべき「選択」とは何か。

1,400円

渡部昇一
日本への申し送り事項
死後21時間、復活のメッセージ

「知的生活」の伝道師として、また「日本の誇りを取り戻せ」運動の旗手として活躍してきた「保守言論界の巨人」が、日本人に託した遺言。

1,400円

外交評論家・岡崎久彦
――後世に贈る言葉――

帰天3週間後、天上界からのメッセージ。中国崩壊のシナリオ、日米関係と日ロ外交など、日本の自由を守るために伝えておきたい「外交の指針」を語る。

1,400円

大川隆法ベストセラーズ・**地球的正義の実現を目指して**

永遠なるものを求めて

人生の意味とは、国家の理想とは

北朝鮮のミサイルに対し何もできない"平和ボケ日本"にNO！人間としての基本的な生き方から、指導者のあり方、国家のあり方までを最新提言。

1,500円

繁栄への決断

「トランプ革命」と日本の「新しい選択」

TPP、対中戦略、ロシア外交、EU危機……。「トランプ革命」によって激変する世界情勢のなか、日本の繁栄を実現する「新しい選択」とは？

1,500円

地球を救う正義とは何か

日本と世界が進むべき未来

日本発"世界恐慌"の危機が迫っている！？イスラム国のテロや中国の軍拡など、国内外で先の見えない時代に、「地球的正義」を指し示す一冊。

1,500円

幸福の科学出版

幸福の科学グループのご案内

宗教、教育、政治、出版などの活動を通じて、地球的ユートピアの実現を目指しています。

幸福の科学

一九八六年に立宗。信仰の対象は、地球系霊団の最高大霊、主エル・カンターレ。世界百カ国以上の国々に信者を持ち、全人類救済という尊い使命のもと、信者は、「愛」と「悟り」と「ユートピア建設」の教えの実践、伝道に励んでいます。

（二〇一七年八月現在）

愛

幸福の科学の「愛」とは、与える愛です。これは、仏教の慈悲《じひ》や布施《ふせ》の精神と同じことです。信者は、仏法真理をお伝えすることを通して、多くの方に幸福な人生を送っていただくための活動に励んでいます。

悟り

「悟り」とは、自らが仏の子であることを知るということです。教学《きょうがく》や精神統一によって心を磨き、智慧《ちえ》を得て悩みを解決すると共に、天使・菩薩《ぼさつ》の境地を目指し、より多くの人を救える力を身につけていきます。

ユートピア建設

私たち人間は、地上に理想世界を建設するという尊い使命を持って生まれてきています。社会の悪を押しとどめ、善を推し進めるために、信者はさまざまな活動に積極的に参加しています。

国内外の世界で貧困や災害、心の病で苦しんでいる人々に対しては、現地メンバーや支援団体と連携して、物心両面にわたり、あらゆる手段で手を差し伸べています。

年間約３万人の自殺者を減らすため、全国各地で街頭キャンペーンを展開しています。

公式サイト **www.withyou-hs.net**

ヘレン・ケラーを理想として活動する、ハンディキャップを持つ方とボランティアの会です。視聴覚障害者、肢体不自由な方々に仏法真理を学んでいただくための、さまざまなサポートをしています。

公式サイト **www.helen-hs.net**

入会のご案内

幸福の科学では、大川隆法総裁が説く仏法真理《ぶっぽうしんり》をもとに、「どうすれば幸福になれるのか、また、他の人を幸福にできるのか」を学び、実践しています。

入会

仏法真理を学んでみたい方へ

大川隆法総裁の教えを信じ、学ぼうとする方なら、どなたでも入会できます。入会された方には、『入会版「正心法語」』が授与されます。

三帰《さんき》誓願《せいがん》

信仰をさらに深めたい方へ

仏弟子としてさらに信仰を深めたい方は、仏《ぶっ》・法《ぽう》・僧《そう》の三宝《さんぽう》への帰依を誓う「三帰誓願式」を受けることができます。三帰誓願者には、『仏説・正心法語《しょうしんほうご》』『祈願文《きがんもん》①』『祈願文②』『エル・カンターレへの祈り』が授与されます。

幸福の科学 サービスセンター
TEL 03-5793-1727
（受付時間／火～金：10～20時　土・日祝：10～18時）

幸福の科学 公式サイト
happy-science.jp

教育

ハッピー・サイエンス・ユニバーシティ
Happy Science University

ハッピー・サイエンス・ユニバーシティとは

ハッピー・サイエンス・ユニバーシティ（ＨＳＵ）は、大川隆法総裁が設立された「現代の松下村塾」であり、「日本発の本格私学」です。
建学の精神として「幸福の探究と新文明の創造」を掲げ、
チャレンジ精神にあふれ、新時代を切り拓く人材の輩出を目指します。

学部のご案内

人間幸福学部

人間学を学び、新時代を切り拓くリーダーとなる

経営成功学部

企業や国家の繁栄を実現する、起業家精神あふれる人材となる

未来産業学部

新文明の源流を創造するチャレンジャーとなる

HSU長生キャンパス
〒299-4325
千葉県長生郡長生村一松丙 4427-1
TEL 0475-32-7770

未来創造学部

時代を変え、未来を創る主役となる

政治家やジャーナリスト、ライター、俳優・タレントなどのスター、映画監督・脚本家などのクリエーター人材を育てます。４年制と短期特進課程があります。

・４年制
１年次は長生キャンパスで授業を行い、２年次以降は東京キャンパスで授業を行います。

・短期特進課程（２年制）
１年次・２年次ともに東京キャンパスで授業を行います。

HSU未来創造・東京キャンパス
〒136-0076
東京都江東区南砂2-6-5
TEL 03-3699-7707

学校法人
幸福の科学学園

学校法人 幸福の科学学園は、幸福の科学の教育理念のもとにつくられた教育機関です。人間にとって最も大切な宗教教育の導入を通じて精神性を高めながら、ユートピア建設に貢献する人材輩出を目指しています。

幸福の科学学園

中学校・高等学校(那須本校)
2010年4月開校・栃木県那須郡(男女共学・全寮制)
TEL **0287-75-7777**
公式サイト **happy-science.ac.jp**

関西中学校・高等学校(関西校)
2013年4月開校・滋賀県大津市(男女共学・寮及び通学)
TEL **077-573-7774**
公式サイト **kansai.happy-science.ac.jp**

仏法真理塾「サクセスNo.1」 TEL **03-5750-0747**(東京本校)

小・中・高校生が、信仰教育を基礎にしながら、「勉強も『心の修行』」と考えて学んでいます。

不登校児支援スクール「ネバー・マインド」 TEL **03-5750-1741**
心の面からのアプローチを重視して、不登校の子供たちを支援しています。
また、障害児支援の**「ユー・アー・エンゼル!」運動**も行っています。

エンゼルプランV TEL **03-5750-0757**
幼少時からの心の教育を大切にして、信仰をベースにした幼児教育を行っています。

シニア・プラン21 TEL **03-6384-0778**
希望に満ちた生涯現役人生のために、年齢を問わず、多くの方が学んでいます。

NPO 活動支援

いじめから子供を守ろうネットワーク

学校からのいじめ追放を目指し、さまざまな社会提言をしています。また、各地でのシンポジウムや学校への啓発ポスター掲示等に取り組む一般財団法人「いじめから子供を守ろうネットワーク」を支援しています。

公式サイト **mamoro.org**
相談窓口 **TEL.03-5719-2170**
ブログ **blog.mamoro.org**

政治

幸福実現党

内憂外患《ないゆうがいかん》の国難に立ち向かうべく、2009年5月に幸福実現党を立党しました。創立者である大川隆法党総裁の精神的指導のもと、宗教だけでは解決できない問題に取り組み、幸福を具体化するための力になっています。

幸福実現党 釈量子サイト
shaku-ryoko.net

Twitter
釈量子@shakuryoko
で検索

党の機関紙
「幸福実現NEWS」

幸福実現党　党員募集中

あなたも幸福を実現する政治に参画しませんか。

○ 幸福実現党の理念と綱領、政策に賛同する18歳以上の方なら、どなたでも参加いただけます。
○ 党費：正党員（年額5千円［学生 年額2千円］）、特別党員（年額10万円以上）、家族党員（年額2千円）
○ 党員資格は党費を入金された日から1年間です。
○ 正党員、特別党員の皆様には機関紙「幸福実現NEWS（党員版）」が送付されます。

＊申込書は、下記、幸福実現党公式サイトでダウンロードできます。
住所：〒107-0052　東京都港区赤坂2-10-8 6階 幸福実現党本部
TEL **03-6441-0754**　FAX **03-6441-0764**
公式サイト **hr-party.jp**　若者向け政治サイト **truthyouth.jp**

出版
メディア
事業

幸福の科学出版

大川隆法総裁の仏法真理の書を中心に、ビジネス、自己啓発、小説など、さまざまなジャンルの書籍・雑誌を出版しています。他にも、映画事業、文学・学術発展のための振興事業、テレビ・ラジオ番組の提供など、幸福の科学文化を広げる事業を行っています。

アー・ユー・ハッピー？
are-you-happy.com

ザ・リバティ
the-liberty.com

幸福の科学出版
TEL **03-5573-7700**
公式サイト **irhpress.co.jp**

THE FACT
ザ・ファクト
マスコミが報道しない
「事実」を世界に伝える
ネット・オピニオン番組

Youtubeにて
随時好評
配信中！

ザ・ファクト 検索

芸能文化
事業

NEW STAR PRODUCTION

ニュースター・プロダクション

「新時代の"美しさ"」を創造する芸能プロダクションです。2016年3月に映画「天使に"アイム・ファイン"」を、2017年5月には映画「君のまなざし」を公開しています。

公式サイト **newstarpro.co.jp**

ARI Production

ARI《アリ》 Production《プロダクション》

タレント一人ひとりの個性や魅力を引き出し、「新時代を創造するエンターテインメント」をコンセプトに、世の中に精神的価値のある作品を提供していく芸能プロダクションです。

公式サイト **aripro.co.jp**

大川隆法　講演会のご案内

大川隆法総裁の講演会が全国各地で開催されています。
講演のなかでは、毎回、「世界教師」としての立場から、幸福な人生を生きるための心の教えをはじめ、世界各地で起きている宗教対立、紛争、国際政治や経済といった時事問題に対する指針など、日本と世界がさらなる繁栄の未来を実現するための道筋が示されています。

8月2日 東京ドーム「人類の選択」

5月14日 ロームシアター京都「永遠なるものを求めて」

4月23日 高知県立県民体育館「人生を深く生きる」

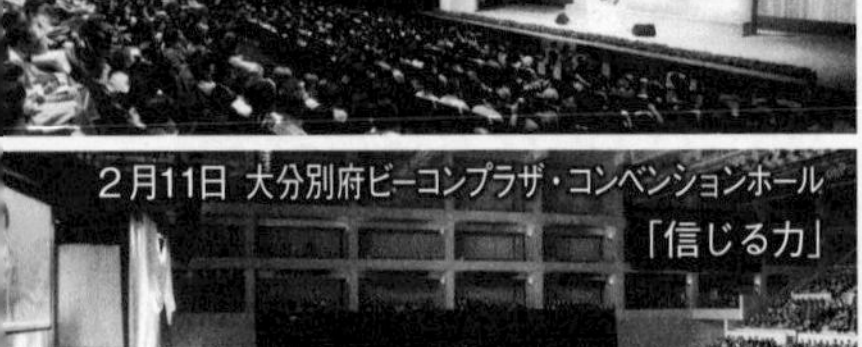
2月11日 大分別府ビーコンプラザ・コンベンションホール「信じる力」

1月9日 パシフィコ横浜「未来への扉」

講演会には、どなたでもご参加いただけます。
最新の講演会の開催情報はこちらへ。 ⟹

大川隆法総裁公式サイト
https://ryuho-okawa.org